시조론(始祖論)

둔촌선생휘집 실위시조
遁村先生諱集 實爲始祖

광주이씨좌의정공파종회

표제 출처

『석담선생문집』 4권, 「祖考處士府君墓誌」

公諱遵慶字士善 廣州人 '遁村先生諱集實爲始祖'

시조론(始祖論)

초판 1쇄 인쇄 • 2019년 10월 01일

지은이 • 이명환

펴낸이 • 이승훈

펴낸곳 • 해드림출판사

발행 • 광주이씨좌의정공파종회

주 소 • 서울 영등포구 경인로82길 3-4(문래동1가 39)
      센터플러스빌딩 1004호(우편07371)

전 화 • 02-2612-5552

팩 스 • 02-2688-5568

E-mail • jlee5059@hanmail.net

등록번호 • 제2013-000076

등록일자 • 2008년 9월 29일

* 책값은 표지에 있습니다
* 잘못된 책은 바꿔드립니다

ISBN 979-11-5634-370-7

시조론(始祖論)

둔촌선생휘집 실위시조
遁村先生諱集 實爲始祖

광주이씨좌의정공파종회

◉ 해드림출판사

선현의 어록(語錄)

둔촌 선생의 덕업은 밝기가 해와 별 같아서
백대에 길이 영원할지어다.
뿌리가 깊고 근원이 멀면 가지가 무성하고
흐름은 긴 법이니, 우리가 줄곧 창대하여
대를 이어 침체치 아니한 것은
우리 조상이 여러 자손을 감싸
멈추지 않게 하시는 게 아닌가?
시에 이르기를
"너의 조상이 닦은 덕을 잊지 말고,
그 덕을 닦고 쌓아라."
昭如日星百世以俟者非耶 故其根深源遠枝茂流長
綿延昌大繼繼不替者抑非 吾祖蓋覆其萬子孫勿替者也
詩曰 無念爾祖聿修厥德
1665년 예조정랑(휴징) 찬, 「둔촌시조비문」에서

둔촌을 시조로 하고, 생원공을 소자출로 정한 것은
우리 문중이 백세토록 바꿀 수 없는 규범이다.
以遁村爲始祖 以生員公爲遁村之所自出者
此固吾宗 百世不易之範也
「5대보」 범례에서

추천사(推薦辭)

 퇴직 후, 당 종회 원로분들에 의해 종사 일을 맡아 보면서 보학에 관심을 갖고, 관련 문헌들을 인터넷으로 검색도 해보고, 문중 역사와 관련된 서적을 찾아보면서 조상의 위대한 행적 등 여러 가지를 알게 되는 기쁨과 자부심을 갖게 되었다.

 이런 가운데 광이(廣李)의 시조(始祖)가 신라 때의 인물, 혹은 생원공 휘당(生員公 諱唐) 시조, 둔촌(遁村) 선생 시조, 둔촌 중시조 등으로 난립되어 너무나 혼란스러웠다. 이것은 우리 종회의 정체성 문제이기도 했다.

 이에 대한 많은 의문을 갖고, 보학에 일가견이 있는 명환(明煥) 전 도유사와 이에 관한 토론을 하고 관련 문헌을 찾아보다, 결국 우리가 이에 대한 정체성을 정립하여 잘못 알고 있는 종원(宗員)들과 후손들을 위해 이를 명확하게 제시함으로서 차후의 혼란을 방지해야겠다는 결론에 이르게 되었다.

 근래에 와서 오랫동안 논란이 되어 오던 시조론에 대하여 변설13조가 번역되어 신라 때의 가공인물인 이자성(李自成)이 시조라는 말은 사라졌지만, 생원공과 둔촌 선생 중 어느 분이 시조인가? 하는 문제, 심지어는 식자층에서도 생원공이 시조이고, 둔촌 선생이 중시조라는 호칭을 쓰고 있는 실정이어서 안타까운 나머지 이 분야에 조예가 깊은 명환 도유사에게 광이 시조에 대한 명확한 정체성을 확립하기 위한 '둔촌시조론'을 써보도록 권유하기에 이르렀다.

이에 명환 전 도유사는 지난 초봄부터 광이의 선대(先代) 족보와 선대 조상의 비문(碑文), 묘지(墓誌), 행장(行狀), 제문(祭文) 등, 관련 문헌을 찾아 고증을 거듭하여 책을 쓰기 시작한 지 반년 만에 이 책을 출판하게 되었다. 인고(忍苦)의 세월을 거쳐 나온 책의 내용을 읽어 보았다. 읽어 나가면서 생각보다 놀라움이 컸다.

한정된 자료 수집에 애로가 컸겠으나 둔촌시조 관련 문헌들이 의외로 많다는 것이 놀라웠으며, 다음으로는 수많은 관련 자료들을 동원하여 명쾌한 논증을 거쳐 마침내 '둔촌시조'의 당위성(當爲性)에 합당한 결론에 도달한 것이다. 그 다음으로는 둔촌시조의 빛나는 위업이 이 책을 통해서 너무나 상세히 드러나므로 새삼 둔촌시조의 위업에 깊은 존경심이 든다는 것이다.

광이에 뛰어난 학자는 많다고 본다. 그러나 이 분야에 관심과 열정을 갖고 연구를 하는 학자는 별로 없는 것 같다. 마침 명환 도유사는 과거 대학교수로서, 문학박사로서 고증(考證)을 통한 논증(論證)을 할 충분할 능력이 있는 학자로서 보학에 관심을 갖고 연구에 몰두하였기에 이런 결과물이

나올 수 있었다고 본다.

　하나의 종중(宗中)에 시조가 둘인 경우는 없다. 한 분의 시조를 중심으로 문중(門中)이 성립되기 때문이다. 본 종회에서 발행하는 이 책을 통해서 우리 광이가 '소자출(所自出)이신 당(唐)'과 '시조(始祖) 둔촌(遁村)' 선생으로부터 시작되었음을 명확히 이해하고, 이 분야의 광이 정체성 확립에 일조가 되기 바라는 바이다.

2019년 9월
광주이씨좌의정공파종회 도유사 이근열

추천의 말씀

때는 바야흐로 낙엽의 계절로 접어들고 있다. 이 무렵이 되면 조상에 대한 추모의 염(念)이 절로 떠오르기 마련이다.

본인은 서울특별시 중구의 문화원장직을 맡아 관내에 무수히 많은 역사의 유물을 접하는 동시에 우리 문중의 문화유산에도 관심을 기울여왔다. 이에 따라 막연하게나마 조선의 역사를 빛내신 기라성 같은 광이(廣李) 선조님들의 위업을 체감하면서 조상에 대한 자부심을 갖고 주어진 원장 직을 수행해왔다.

반면에 우리 광이 문중의 역사에 대해서는 극히 초보에 지나지 않기에 우리 광이는 어디서 왔고, 어떻게 시작되었으며, 어떻게 이뤄졌는지에 대한 의문을 해소할 길이 없었다. 그래서 그간 문중에서 발간되어 전해오는 전단지 혹은 소책자, 종회 신문 등을 통해 어느 정도는 도움이 되었으나 우리 광이가 생겨난 연원 등 뿌리부터 오늘에 이르기까지의 우리 문중 역사를 우리 같은 초보자도 쉽게 터득해 줄 수 있는 출판물을 찾아볼 수가 없어 안타까웠던 게 사실이다.

그런 가운데 이번에 족질 되는 명환 박사가 쓴 '둔촌선생 실위시조'의 초안을 받아보면서 그간 내가 찾아왔으며, 초보자의 눈높이에도 맞는 보학 논문 "그게 바로 이것이구나" 했다.

흔히들 보학 책자는 한자가 많고 어려운 말로 쓰여 있어 딱딱할뿐더러 거리감도 있다고 한다. 그러나 명환 박사가 이번에 쓴 본 책자는 가급적 어려운 표현을 삼가면서 쉬운 말로 물 흐르듯 써 내려갔기 때문에 시조와 소자출에 대해서, 대부분 오해하기 쉬운 세(世)와 대(代)에 대해서, 우리 조상이 힘써 만든 족보가 갖는 의미와 내력을 한눈에 파악할 수 있게 되어 기뻤다.

이에 더하여 역대 조상의 비문, 행장, 제문 등의 문헌을 찾아 일목요연하게 제시하면서 우리 문중의 창업자요 설립자인 둔촌 선생이 마땅히 시조이어야 하는 당위성과 그 부친이신 생원공이 소자출이라는 사실이 내 마음에 와닿았다. 따라서 둔촌시조를 최정점으로 하는 계보의 조직체계에 내가 속해있다는 사실이 나의 자부심을 일깨워 주었다.

이 책자를 읽으면서 "둔촌 선생이야말로 어두운 밤하늘의 한줄기 혜성 그 자체"란 말에 무한히 공감이 가면서 그간 잘 몰랐던 둔촌시조의 드높은 위업에 새삼 머리가 숙어짐을 느꼈다.

나는 평소 나의 족질인 명환 박사의 인격과 학자적인 기품을 높이 사왔는데, 이번에 문중의 문헌을 광범위하게 수집하여 철저한 고증을 거쳐 나온 이 결과물을 대하니 과연 명불허전이다.

힘써 만든 이 책자가 광이의 정체성을 이룰뿐더러 후학들의 보학 연구에 도움을 줄 것을 확신하면서 이 책을 쓴 명환 박사에게 감사를 드린다.

2019년 9월
서울특별시 중구문화원장
서울 중구 퍼시픽호텔 회장
22대 이종철

'둔촌선생휘집 실위시조'를 쓰면서

저는 이 글을 쓰면서 자부심도 들었지만 다른 한편으로는 회의도 들었습니다. 이렇게 써서 결과물이 책자로 나온다 해도 과연 누가 알아줄까 하고…. 그러나 이 순간 불후의 명화 '천지창조'를 그린 어느 화가의 일화가 떠올랐습니다. 그 높은 천장 바로 아래의 거치대 위에 4년간 꼬박 누워 보이지 않는 구석까지 꼼꼼히 그릴 때 지인이 물었답니다. "그렇게 구석구석까지 들인 정성을 누가 알아주겠나?" 그는 답했답니다. "내가 알아주네"라고.

저는 4년이 아닌 6개월여뿐, 나만이 아닌 근열 도유사가 알아주고 시하 총무가 도와주고…. 이에 이르러 저는 해야 한다는 사명감이 솟았습니다. 그런 사명감이 오히려 일을 쉽게 해줄뿐더러 동기까지 유발시켜주었습니다.

따라서 이글을 쓰게 된 가장 큰 동기는 족보상의 시조와 우리가 일상 부르는 시조와의 차이였습니다. 하나의 시조를 중심으로 이뤄지는 것이 종중인데 우리는 1종중에 2시조이니 말입니다. 물론 그렇게 된 이유가 충분히 있다는 것도 사실입니다.

1세가 시조이고 1대는 그 아들이라는, 즉 세와 대는 다르다는 잘못된 이론이 광복 후에 등장하여 이에 지대한 영향을 세상에 미쳤습니다. 다음으로는 엄연히 전해오는 생원공(휘당) 시조비문이었습니다.

그렇기에 족보상의 둔촌시조가 실 시조라고 아무리 외쳐봐야 헛수고였습니다. 때문에 역대 조상들이 직접 쓰신 비문, 묘지, 행장, 제문 등의 문헌들을 중심으로 논증을 하였습니다. 그러니까 요샛말로 팩트를 갖고 이런 문제들을 다루어 보았습니다. 공허한 이론이나 원칙만으로 들이대지는 않았다는 말입니다.

여기서 놀란 사실은 최초의 광이 족보가 나오기 80여 년 전부터 '둔촌시조'라 표기한 비문이 연이어 등장했다는 것입니다. 저는 이 순간 타임머신을 타고 과거로 가는 여정에 오른 기분이었습니다.

서양의 어느 역사학자가 "역사는 과거와의 끊임없는 대화"라고 했습니다. 저는 이 글을 쓰면서 옛 선조님들과의 끊임없는 대화를 이어갔습니다. 조상님들의 말씀에 거짓이 없다는 사실도 알았습니다. 조상의 말과 말은 글로 생생히 살아 우리 앞에 전달되고 있습니다. 이것이 바로 우리 광이 문중만이 갖고 있는 조상의 위대한 문화유산이요 자랑거리란 사실을 새삼 확인했습니다.

이번 연구에서 80여 건의 관련 문헌들을 살펴본 결과 불과 5~6건을 제외하고는 둔촌시조, 둔촌 실 시조 내지 이에 상응한 내용이었습니다. 이에 더하여 둔촌 선생이야말로 우리의 시조가 되실 수밖에 없는 분일뿐더러 둔촌시조야말로 우리가 반드시 시조로 모시지 않으면 안 되는 인물이셨습니다.

둔촌 선생의 위업이 너무나도 고귀하게 빛을 발하기에 그것은 어두운 밤하늘에 한 줄기 혜성 그 자체였습니다. 그래서 저는 겁이 좀 들기도 했습니다. 조그마한 이 책자가 오히려 그 빛을 흐릴까봐.

이렇게 나온 이 책자가 나름으로는 힘들여 이뤄진 결과물이지만, 아직도 바르게 고쳐야 할 부분이나 내용도 분명 있을 것입니다. 앞으로 이 부족한 부분을 잡아주고 채워주실 몫은 이 책을 읽어주실 종친들이십니다.

아무쪼록 이 조그마한 책자가 광이의 정체성과 후배 종인들의 보학에 대한 관심을 불러일으키는데 일조가 되길 빕니다.

2019년 9월
문학박사 23대 명환

목 차

추천사(推薦辭) 5
추천의 말씀 8
'둔촌선생휘집 실위시조'를 쓰면서 11

제Ⅰ편 오대보(五大譜) 중심으로

1. 본 연구의 동기와 목적 19
2. 족보와 비문 20
3. 700년의 뿌리: 족보의 의미와 가치 21
   1) 족보란 무엇인가? 21
   2) 족보의 의미는? 22
   3) 광이 족보의 역사적 가치 23
4. 시조 세우기 원칙 24
5. 이둔촌위시조(以遁村爲始祖) 25
6. 『정묘대동보』에 관하여 30
   1) 대동보(大同譜)란 무엇인가? 31
   2) 정묘대동보의 편찬 요령 31
   3) 대동보 합보 결의사항 32
   4) 『정묘대동보』의 문제점 33
7. 역대 족보의 제작과정 37
   1) 족보는 문중 전체의 합작품 37
   2) 족보 제작 과정 38
8. '둔촌시조' 부정(否定)에 대하여 40

제Ⅱ편 비문, 행장, 제문 등을 통한 둔촌시조론

1. 생원공(휘당) 시조 비문   44
2. 둔촌선생식위시조(遁村先生寔爲始祖)   45
3. 연대별로 본 생원공과 둔촌 선생 비문   47
4. 석전 문중 시조론   55
   1) 석담 선생 '둔촌시조론'   57
   2) 귀암공의 '둔촌시조론'   61
   3) 정재공의 둔촌시조론   64
   4) 묵헌 선생의 '둔촌시조론'   67
5. 기가시조(起家始祖)에 상응한 문헌   71
6. 광복 후의 관련 문헌   78
7. 관련 학술 논문 등   82
8. 세와 대에 대한 오해   84
   1) 세와 대에 대한 두 가지 학설   86
   2) 역대 조상의 '대=세'로 쓴 실례   87
   3) 이론적인 근거   91
9. 써서는 안 되는 '둔촌 중시조' 호칭   93
   1) 상호 모순인 '생원공 시조'와 '둔촌 중시조' 호칭   93
   2) '둔촌 중시조'의 출처   94

제Ⅲ편 둔촌, 문벌의 벽을 뛰어넘어

1. 둔촌시조, 생원공 소자출의 당위성   98
   1) 기가(起家)에 이른 둔촌의 위업   99

　　　　(1) 선생의 문장력
　　　　(2) 선생의 풍모
　　　　(3) 충의와 효우(孝友)
　　2) 시조와 실위시조(實爲始祖)·식위시조(寔爲始祖)　103
　2. 일근 오수(一根五樹), 일연 오룡(一淵五龍)　107
　3. 밝혀 바로 잡고자!　108

제 Ⅳ 편 요약 및 결론
　1. 요약　114
　2. 결론　116

부록 1
*연대순으로 본 광이 시조 표기　121
* 광복 후의 문헌　129
*광릉부원군·후손 관련 문헌　130
*문경공·후손 관련 문헌　131
*광천부원군·후손 관련 문헌　133
*광원군·후손 관련 문헌　134
*좌의정공·후손 관련 문헌　135
*참판공 관련 문헌　136
*좌통례공·후손 관련 문헌　136
*석담 선생 관련 문헌　143
*낙촌공 관련 문헌　144
*귀암공 관련 문헌　144
*정재공 관련 문헌　146
*묵헌 선생 관련 문헌　148

제1편

오대보(五大譜) 중심으로

1. 본 연구의 동기와 목적

시조(始祖)란 문중의 일족을 망라한 계보(系譜)의 최 정점에 위치한 1대 혹은 1세 조상으로서 일족의 지표 역할을 하는 매우 중요한 의미를 갖는다. 따라서 광이 조상들의 역대 족보인 '5대보(五大譜)'[1]에는 소속된 후손들 개개인이 '둔촌 선생 1대 시조'를 최정점으로 하나의 체계로 짜임새 있게 조직화되어 면면히 이어오는 통일된 계보가 실려 있다.

이같이 소중한 족보 체계에 문중 구성원인 하나하나의 개체가 '1대 둔촌시조' 아래 체계화 되어왔음에도, 광복(1945) 이후 시조가 '생원공(휘 당)시조' 또는 '둔촌(휘집) 시조'로 이원화 되어있어 이로 인한 문중 정체성에 혼란을 가져온다는 것은 문제가 아닐 수 없다.

이것은 광복 후 정부의 한글전용 시책에 따른 한글세대의 등장으로 인한 역대 족보 및 묘비문과의 거리감, 광복 후의 대(代)와 세(世)에 대한 잘못된 이론이 우리에게 끼친 영향, 이에 더하여 영천의 '광이 시조 생원공 비문'의 막대한 영향력 등이다.

그러나 광복(1945) 이전의 역대 조상은 족보뿐만 아니라 묘비문을 통해서도 둔촌 선생을 '실위시조(實爲始祖)'로 모

---

1) 경술보(1610), 갑진보(1724), 병진보(1796), 계유보(1873), 기미보(1919)를 말함.

셔왔음을 증거 해주는 문헌이 압도적으로 많다는 사실이 놀라웠다.

이에 본인은 역대 선현이 쌓아온 광이의 정체성을 찾기 위해 옛 족보, 묘비문, 행장, 묘제문 등을 통한 충분한 고증으로 조상의 진정한 뜻이 '둔촌선생실위시조'와 예우 차원의 '생원공 시조'였음을 고증을 통해 밝히고자 한다.

2. 족보와 비문

족보와 조상의 비문은 그 가치를 헤아릴 수 없을 정도의 소중한 문헌이다. 그러나 신뢰성에서는 비문은 족보에 비할 바가 못 된다.

족보 편찬에 필수적인 행위가 족보에 오르는 종인 개개인의 인적사항을 수집하는 일이다. 이것이 바로 수단(收單)이다.[2] 무엇보다도 수단이 족보 편찬의 전제가 되므로 이를 위해서는 문중 구성원 전체 동의가 필수적이다. 또한 편찬에 앞서 경향 각지의 문중 대표가 편찬위원회를 구성하여 범례(凡例)라는 대 원칙을 제정하는 절차를 갖게 된다.

반면에 조상의 비석을 세우는 데는 전체 구성원 동의가 없을지라도, 같은 뜻을 가진 일부 종원에 의해 이뤄질 수 있다. 심지어는 전체 구성원 동의에 앞서 독지가인 어느 한 개인

---

2) 명단을 수집하는 행위도 수단이고, 명단 그 자체도 수단이다.

만의 능력으로 이뤄지는 경우도 있다.

그러나 족보 이전부터 묘하에 묻어왔던 묘지(墓誌) 등의 귀중한 문헌이 세상에 출현한다면, 해당 문중에서 엄격한 고증을 거쳐 이를 족보에 반영한다. 그 때문에 족보의 문헌적 가치가 그만큼 더 높은 것이다.

이와 관련하여 문헌의 옳고 그름을 판별하는 문헌고증이란 면에서 볼 때 족보와 비문 가운데, 어느 편이 좀 더 객관적인지 곧바로 알게 될 것이다.

3. 700년의 뿌리: 족보의 의미와 가치

1) 족보란 무엇인가?

"뻗어온 뿌리가 깊고 깊으니, 그 가지가 무성 하도다(根沈則枝茂)."

이것은 우리 조상들이 족보 편찬을 하면서 '깊게 내린 뿌리, 무성한 가지'에 대한 무한한 자긍심을 족보 서문에 드러낸 말이다.

족보(族譜)는 같은 종족의 공통 조상인 시조(始祖)를 최정점으로 하여 족보 편찬 당시의 후손들에 이르기까지의 계보를 한눈에 볼 수 있게 기록한 것으로서, 여기에는 그에 속한 조상의 행적이나 지켜야 할 범례, 일가 상호간의 친소 관계 등을 일목요연하게 파악할 수 있는 거대한 가문의 역사서요 바이블이다.

이에 더하여 족보는 광이 구성원 개개인이 태어난 근본 뿌리는 어디로부터이고, 몇 대 조상으로부터 갈려 왔고, 종친 간의 항렬에 따른 인간관계를 분명히 해준다. 이를 통해 나 자신의 소속감과 그에 따른 존재가치를 확인하는 동시에 구성원들끼리의 화목으로 나아가는 길이 펼쳐지는 것이다.

이런 맥락에서 볼 때 지금까지 문중 내에서의 나 자신의 존재 가치를 어디서 찾을 수 있었겠는가? 그것은 다름 아닌 계보를 통해서이다. 이것이 바로 족보이다.

2) 족보의 의미는?

족보는 어느 한 문중이 가계를 면면히 이어가면서 흩어져 있는 씨족을 하나로 뭉치게 하는 동족 결합의 표상이다. 이를 통해 종족의 정체성을 이룩하고, 지구상의 나 하나라는 존재는 별개의 개체가 아닌 동족 집단 속의 한 줄기요, 그 위에 핀 한 떨기 꽃임을 스스로 자각 하게 하여 소속감과 연대감을 갖게 하는 의미가 있다.

고려를 거쳐 조선에 이르기까지 족보 자체가 없어 계보에 끼이지 못한 개체는 사회에서의 존재감은 커녕 각종 시험 등 사회생활 자체를 할 수 없었기에 족보는 예로부터 무엇과도 바꿀 수 없는 가문의 으뜸 보배로 섬김을 받아왔던 것이다. 결국 족보의 의미를 여기서 찾게 된다.

3) 광이 족보의 역사적 가치

광이 족보는 교통, 통신, 재정 등 매우 열악한 환경에서도 1550년부터 1919년까지 6차례에 걸쳐 편찬되었다.

조선 최초의 족보인 『안동권씨성화보』가 중국 소씨(蘇氏) 가문의 『소씨보(蘇氏譜)』를 모델로 하여 성종 7년(1476)에 간행된데 이어 『문화유씨가정보』가 명종 20년(1565)에 간행되었다. 둔촌 선생과 교유가 깊었던 목은 이색의 명문 한산이씨는 우리보다 상당히 늦은 1643년에 창시보(創始譜)를 간행하였다.[3]

이에 비추어 비록 소실은 되었지만 그 일부가 '동성보 범례' 형태로 전해오는 1550년의 『광릉세보』[4]에 뒤이어 간행된 1610년 『경술보』의 역사성과 그 의미는 크다 하겠다.

당시 기록에 의하면 책 만들 종이는 주로 사찰에서 생산하는데, 값이 너무 비싸 『대학』이나 『중용』 한 권 값이 군역대신 바치는 군포 2필보다 더 많은 3필 값이어서 어지간한 집의 자제는 과거 볼 생각조차 못 하였다고 한다. 이런 어려운 환경 아래에서도 족보 제작을 이뤄낸 조상 위업의 크기는 이루 가늠할 길이 없다.

---

[3] 명문 한산이씨에 비하면 광이의 창시보·경술보(1610)는 대단히 앞선 것이다.
[4] 『광이세적』 1권, 「동성보 범례」, "명종대왕 5년 경술(1550)에 활자로 인출되었다(明宗大王五年庚戌沽字引出)" 1612년 의성현간.

4. 시조 세우기 원칙

예조참판(기양·基讓)공은『병진보』(1796) 서문에서 "시조란 가문의 기초를 세운 조상을 말하며, 태어난 순서(生民)로 시조가 되는 것은 아니다"라 했다.[5] 이 말은 조상 대대로 한미했던 가문에서 세상에 우뚝 선 인물이 등장하여 바닥부터 가문을 일으켜 세운 조상이 비로소 '시조'로 모셔진다는 뜻이다.

『병진보』는 "이에 따라 우리 이씨(李氏)는『광릉세보』(1550)에 이어『경술보』(1610)에서 이미 둔촌 선생을 시조로 삼은 것은 우리 이씨가 둔촌으로부터 현달하기 시작했기 때문이다"라 하였다.[6] 이에 덧붙여 "생원공을 족보의 앞 페이지(卷首)에 별도 게재하여 이분이 '시조의 아버지인 소자출(始祖之父 所自出)임'을 분명히 하였다"라 했다. '소자출'의 사전적 의미는 '어떤 사물이 나온 근본, 원천(源泉), 연원(淵源)'이므로 소자출은 시조의 근본 뿌리를 말한다는 것을 알 수 있다.

따라서 시조는 대수(代數)의 높음에 따라 이뤄지는 것이 아니라, 가문을 최초로 일으켜 세운 분을 시조로 옹립하는 것이 당시의 보법에 합당한 것이었음도 알 수 있다.

『세조실록』에도 "가문을 일으킨 분이 시조이고, 그 아버지

---

5)『丙辰譜』「序」"始祖者 特謂始基之祖 非謂生民之始也"
6)『丙辰譜』「序」"以遁村公爲始祖 蓋以遁村公始顯也." 원래는 중국황제의 아버지를 所自出로 부른 데서 유래함.

는 소자출이다(起家始祖 其父所自出)"라 했다.[7] 이것은 중국 주나라의 종법(宗法)에 따른 것으로, 국가의 경우에도 처음으로 나라를 건국한 왕은 건국 시조로서 1세 또는 1대가 된다. 태조 왕건은 고려의 1대 건국 시조이고, 태조 이성계는 조선 왕조 1대 시조요, 그의 아버지를 소자출이라 부르는 것도 이에 따른 것이다.

따라서 시조는 가문을 일으킨 첫 조상이며, 1대요 1세이다.

5. 이둔촌위시조(以遁村爲始祖)

이 같은 시조 세우기의 원칙에 따라 역대 조상은 1550년 『광릉세보』로부터 1919년 『기미보』에 이르는 보첩에 '둔촌을 시조로 모신다(以遁村爲始祖)'는 대원칙을 지켜왔다. 이것은 1987년 『정묘대동보』 편찬요령에서도 "본보는 『경술보』에서 『기미보』에 이르는 5대보에 의한 소목(昭穆)의 차서에 준하고, 일체의 임의변경을 불허한다"고 했다.[8]

역대 조상이 정해놓은 소목에는 '둔촌 선생 1대 광이 시조'를 비롯하여 후손들 개개인이 소속된 위치를 일목요연하게 밝혀주는 계보가 명시되어있다. 여기에 더하여 『경술보』

---

7) 『세조실록』 7권, 3년 3월 21일(기사) 참고
8) 여기서 '소목의 차서(次序)'란 말은 시조를 시작으로 하여 후손들이 계보를 따라 이어저 내려오는 순시를 말한다.

편찬 당시는 물론이고,『광릉세보』가 나오기 훨씬 이전부터 광이 선조의 행장이나 각종 묘비문 등에 '둔촌선생광이시조(遁村先生廣李始祖)'나 '둔촌선생실위시조(遁村先生實爲始祖)'를 명시해 왔음이 문헌에 의해 밝혀진다.

아래【표1】에『광릉세보』와 '5대보'를 통한 실례를 든다:
【표1】

> ◎ 광릉세보(1550), 이둔촌위시조(以遁村爲始祖) 동고 편찬.
> ① 경술보(1610), 이둔위시(以遁爲始) 한음 서(序), 사수(士修) 편.
> ② 갑진보(1724), 1대 둔촌시조(以遁村爲始祖) 승원 서.
> ③ 병진보(1796), 1대 둔촌시조(以遁村爲始祖) 기양, 상도 서.
> ④ 계유보(1873), 1대 둔촌시조(以遁村爲始祖) 의익, 용학 서.
> ⑤ 기미보(1919), 1대 둔촌시조 (以遁村爲始祖) 승재 편수.

아래에【표1】의 역대 족보를 풀어본다:

◎『광릉세보』

우리 광이 최초로 '둔촌시조'와 '생원공 소자출'을 명시한『광릉세보』는 동고 상공이 편찬한 광이 최초의 세보이지만, 임진 병화에 소실되었다 한다. 그러나 오늘날 남아 있는 범례는 '광주이씨 동성보 선록(廣州李氏同姓譜先錄)'으로 온전히 전해온다.[9] 이것은 명종5년(1550) 경술에 활자로 인

---
9)『광이세적』1권,「同姓譜」

출된 것을 광해 4년(1612) 경상도 의성현에서 재간행하여 이후의 5대보 범례가 이를 뒤따르게 된다.

『광릉세보』에 대해서는 한음 선생의 「경술보서(庚戌譜序)」에 "옛날 내가 어렸을 때 증대부(동고)를 따라가서 『광릉세보』를 보았는데, 활자로 찍은 것이었다. …그 후 어느 날 의성 현감 사수(士修) 씨가 성보(姓譜) 한 권을 보내왔는데, 이는 온전히 동고상공의 구서(舊書·광릉세보)를 그대로 쓴 것이었다."라고 했다. 이에 대해 판서공(하원·夏源)은 『변설13조』에서 "『경술보』가 둔촌 선생을 시조로 삼고, 고려생원 증 판서공을 둔촌 선생의 소자출로 삼은 것은, 바로 동고 선생의 옛 서책을 따른 것임을 알 수 있다"고 했다.

동고 선생의 구서는 창시보인 경술보의 1610보다 60년 앞선 1550년에 간행된 것이다. 이에 반해서 '생원공(휘당) 시조'란 기록은 이후 20년 후인 1570년의 비문에 최초로 등장한다.

① 『경술보』

『광릉세보』가 간행된 명종5년(1550) 경술부터 60년이 흐른 광해 2년(1610) 경술에 한음 상공이 서문을 쓰고, 의성 현감(사수)공이 편찬한 『경술보』가 간행되었다. 이는 온전한 형체를 갖는 광이 최초의 족보인 '창시보(創始譜)'로서 의미가 크다고 본다.

본 범례에 따르면 "둔촌 선생 윗대에는 원래 족보가 없었는데, 요 몇 해 사이에 안팎의 자손들에게서 얻은 내용을 보니, 항간에 소문으로 떠도는 '언전잡기(諺傳雜記)'에 의한 것이었다. …그래서 우리들만이 홀로 우리의 소자출(휘당)을 밝히고 …둔촌을 시조로 삼는다"라 했다.[10] 이것은 동고선생의 『광릉세보』 범례를 그대로 따른 것이었다.

② 『갑진보』

『갑진보』는 경종4년(1724) 승지공(승원·承源)이 편찬하고 서문을 썼다. 여기에 판서공(하원·夏源)이 생원공 이전의 조상은 고증이 안 되는 허구이고, 둔촌시조 이전에는 시조가 없었다는 사실을 13개항에 걸쳐 상세히 밝힌 『변설13조』 전문이 실려 있다.[11]

또한 동 범례에 "『경술보』에서 둔촌을 시조로 삼고, 생원공을 둔촌의 소자출로 하였다. 이것은 동고 선생이 편찬하신 『광릉세보』를 그대로 쓴 것이니 앞으로도 반드시 따라야 할 것이다"라 하여 후손들이 이를 반드시 지켜야 할 원칙을 제시해 주는 것이었다.[12]

③ 『병진보』

---

10) 獨詳吾之所自出 以遁爲始
11) 『병진보』 『계유보』 『기미보』의 범례에 "판서공 『변설13조』는 고증(考證)이 정확하여, 여기에 전문 수록한다. 이것은 백세(百世)가 가도록 바뀔 수 없는 규칙이다." 다산 정약용도 우리의 변설13조에 해당하는 '사보변(私譜辯)'을 써서 잘못된 나주정씨의 시조를 바로 잡은 바 있다.
12) 庚戌譜以遁村爲始祖以生員公爲遁村之所自出者 全述東皐印譜故今亦一遵書

시조론(始祖論)

『병진보』는 정조 1년(1796) 간행되고, 예조참판공(기양·基讓)과 대사간 공(상도·尙度)이 서문을 썼다. 참판공은 서문을 통해 "시조란 가문의 기초를 세운 조상을 지칭하며, 최초로 태어난 조상을 말하는 것이 아니다"[13]라는 시조 세우기 보법(譜法)을 명시하고, 이에 따라 당연히 '둔촌시조' '생원공 소자출'임을 다시 한 번 강조하였다.

여기에도 판서공의 『변설13조』 전문을 실음으로서 이를 분명히 할뿐더러 동 범례에서 "동고 선생의 세보에 둔촌을 시조로 하고, 생원공을 소자출로 정한 것은 우리 문중이 백세토록 바뀔 수 없는 규범이다"[14]라 하여 후손들이 백세토록 '둔촌시조'라는 사실을 바꾸어서는 안 된다고 다짐해두고 있다.

④『계유보』『기미보』

『계유보』는 고종 10년(1873) 이조판서공(의익·宜翼)과 이조참판공(용학·容學)이 각기 서문을 썼고, 『기미보』는 1919년 가선대부공(승재·承載)이 서문을 썼다. 『계유보』 및 『기미보』의 범례에서도 '1대, 둔촌시조'라는 대원칙을 따랐다.

『기미보』에서는 "시조란 가문의 기초를 세운 조상을 지칭

---

13) 始祖者特謂始基之祖 非謂生民之始也
14) 忠正公舊書以遁村爲始祖以生員公爲遁村之所自出者 此固吾宗百世
  不易之範也

하며, 최초로 태어난 조상을 말하는 것이 아니다"[15]라는 시조 세우기 보법을 또다시 명시하였다.

이에 따라 당연히 '둔촌시조' '생원공 소자출'임을 다시 한 번 강조하는 동시에 판서공의『변설13조』전문을 실음으로서 광이의 정체성을 다시 한 번 분명히 했다.

역대 족보에서 둔촌을 시조로 모시는 보법과 예시된 사례에도 불구하고 그 직손으로서 이를 부정한다면, '둔촌시조'를 최정점으로 하는 계보속에 체계화 되어있는 자기 자신을 부정하는 자기부정에 빠지게 된다. 이것이 바로 자기모순이요 정체성의 상실이다.

6.『정묘대동보』에 관하여

『정묘대동보』는『기미보』(1929)가 간행 된 지 68년이 지난 1987년 정묘년에 발행 되었다. 이전과 달리 '대동보'란 명칭을 쓰고, 대종회 종욱 도유사가 서문을 썼다.

역대 족보 편찬에서 둔촌 형제지파는 부록에, 율정공, 석탄공, 암탄공파는 별보(別譜)에 실었던 것과는 달리 둔촌 형제지파와 율, 석, 암탄공파를 각위 1세 시조로 하여 편찬하는 다른 모습을 보여주었다.

---

15) 始祖者特謂始基之祖 非謂生民之始也

1) 대동보(大同譜)란 무엇인가?

대동보의 사전적 의미는 다음과 같다:

-대동보는 본관별로 시조 이하 모든 파들을 계통별로 빠짐없이 수록한 족보를 말한다. 따라서 동일한 시조로부터 갈라져 나온 씨족을 모두 통합하여 편찬한다.[16]

-대동보는 시조 이하 동계혈족(同系血族)의 원류(源流)와 그 자손 전체의 분파관계를 기록한 계통록(系統錄)이다.[17]

-대동보는 일반적인 '파보'보다는 더 넓은 의미로 쓰이고 있는데, 실제로는 파보에도 대동보란 이름을 붙인다. 예: 『전주최씨문영공파대동보』.[18]

위에 든 대동보의 사전적인 뜻을 종합하면 다음과 같다:

① 동일한 시조로부터 갈라져 나온 씨족을 통합한다.

② 대동보는 공동조상의 씨족 전체를 포괄하기도 하지만, 실제로는 파보를 뜻하기도 한다. 『전주최씨문영공파』의 예와 같이 1개 지파만의 족보에도 '대동보'란 명칭을 붙일 수 있다.

2) 정묘대동보의 편찬 요령(범례)

① 편찬 요령 6항:

---

16) 『위키백과』
17) 『의성김씨족보』
18) 『민속분화내백과』

"본보는 경술보 이하 5대보에 의거한 소목의 차서에 준하고, 일체의 임의 변경을 불허한다."

여기서 '소목의 차서(次序)'란 시조를 정점으로 해서 그 후손들이 계통별로 뻗어 내려오는 순서를 말하므로 5대보의 소목에 따르면 당연히 '1대 둔촌시조'를 최 정점으로 그 후손들이 나뭇가지 모양으로 뻗어 내려온 것이다.

② 편찬 요령 5항:

"율정·석탄 양파 및 각위 1세(시조)로 한 여타파도 최대한 본보에 참여토록 하고, 소자출의 범위는 전보의 방법과 정신에 위배되지 않도록 한다."

이는 각위 1세에 해당하는 율정, 석탄, 암탄공 및 둔촌 5형제분을 모두 합하면 8위이고, 8위 분을 각각 1세 시조로 모신다는 뜻이다. 소자출의 범위는 전보인 5대보에 의한다고 했으므로 둔촌 5형제분의 소자출은 당연히 생원공이시다. 생원공이 소자출인 때문에 5대보에서와 같이 생원공과 인화이씨 소자출을 계보(系譜)가 아닌 수권(首卷)에 표기한 것이다.

3) 대동보 합보 결의사항

편찬 당시의 결의사항 : "'시조위(始祖位)' 표기 방법은 족보 수권 첫 장에 소자출을 밝히는 소목을 표기하고, 그 소목에 따라 둔촌공 5형제분 인령, 원령(둔촌), 희령, 자령(십운과공), 천령과 율정, 석탄, 암탄공을 각위 '1세(世)'로 한다."

위 결의사항을 요약하면 다음과 같다:

① '5대보'의 범례를 철저히 따른다.

② 둔촌 5형제분과 율정, 석탄, 암탄공 8위 분을 각위 1세(시조)로 한다.

이같이 5대보의 범례에 따른다면 둔촌 선생 1세(시조), 십운과공 1세(시조)이고, 소자출은 소목도에 표기된 생원공이시다. 소자출이신 생원공의 5형제분 모두 다 과거에 급제하는 등 특출하여 각기 가문을 일으킨 시조(起家始祖)로 모셔진 것이다.

여기까지 살펴보면 『정묘대동보』는 5대보의 원칙을 철저히 따랐다는 것을 알 수 있다. 그러나 다음과 같은 크나큰 문제점을 지닌 것이 사실이다.

4) 『정묘대동보』의 문제점

위에서 『정묘대동보』는 5대보의 원칙을 따라 둔촌 선생의 5형제분을 각각의 시조로 삼고, 생원공을 5형제분의 소자출로 표기 했다는 점에서는 원칙에 따른 것이어서 하등의 문제가 될 리 없다.

그러나 대동보 합보(合譜)의 범위를 전례 없이 확대함으로서 광이 시조에 대한 오해와 혼란을 야기했다. 합보는 무엇보다도 공동시조를 전제로 한다. 공동시조가 없는 상태에서 무리하게 합보를 함으로서 5대보의 원칙에 위배되는 결과를 가져왔다.

그것은 '대동보'가 되려면 동일 성씨 전체를 망라해야 한다고 본 것인데, 이것은 대동보의 진정한 뜻을 오해한 결과의 소치다.

위에든 대동보의 정의에 따르면, 일개 지파라 할지라도 그 종인의 수가 다수여서 그 범위를 더 이상 확대하기가 곤란할 경우에는 대동보로 편찬할 수 있다는 뜻이었다. 『전주최씨문영공파대동보』가 그 하나의 예이다.

5대보의 범례에서 공동 시조가 없는 합보는 불가한 것이므로 그 외의 파는 별보(別譜)로 처리한다는 원칙을 어긴 것이다.[19] 『병진보』 범례에서 "갑진보 말미에 이르기를 '경술보에 실린 별보파와는 합보가 불가하다는 변설13조는 고증이 명확하고, 올바르므로 우리 종족이 이를 지켜야 한다'고 했다."[20]

앞서 "대동보는 본관별로 시조 이하 모든 파들을 계통별로 하나도 빠짐없이 수록한 족보이다. 즉 동일한 시조로부터 갈라져 나온 씨족을 모두 통합하여 만든 족보" 또는 "시조이하 동계혈족의 원류와 그 자손 전체의 분파 관계를 기록한 것이다"라는 대동보에 대한 사전적 의미를 제시한바 있다.

---

19) 별보(別譜)는 공동시조가 없는 상황에서 본보(本譜)와는 다른 별도의 족보를 말한다.
20) 甲辰譜末以庚戌別譜派不可合譜之意有判書公辨說十三條考證的辭意明正實爲吾宗不刊之…

따라서 대동보 편찬은 같은 성씨일지라도 동계혈족의 원류인 소자출 및 시조이하의 후손에 한정했어야 한다. 다시 말하면 동계혈족의 원류인 소자출(생원공)로부터 각각의 시조를 이루는 5형제분 후손에 한정했어야 했다. 대동보는 무엇보다도 공동조상이 전제되기 때문이다.

이로서 야기되는 문제점은 다음과 같다:
1) 대동보는 종족 전체의 공동 시조가 없이 둔촌공 5형제분을 각위 1세로 한 다섯 분의 시조와 율정공, 석탄공, 암탄공을 각위 1세로 한 세분의 시조를 포함하여 모두 8위 분의 시조를 병렬로 연결해 표기하였다. 때문에 8개 종파를 하나로 묶어주는 구심점 없는 족보가 되었다. 이 결과 족보나 대동보의 원칙에 맞지 않는 편찬이 이뤄진 것이다.[21]

2) 족보에 수록된 8위 분의 시조로 구성된 8개 파를 통합해 주는 하나의 구심점, 다시 말하면 하나의 시조가 없는 문제가 야기되었다. 이런 문제를 해결키 위해 궁여지책으로 '신라 내사령 이자성 1세'를 최 정점으로 하는 '소목도'를 족보의 수권, 즉 생원공의 바로 앞면에 표기해 두는 편법을 썼다.

---

[21] 안동김씨는 (구)안동김씨와 (신)안동김씨로 나뉘는데, 공동의 조상이 없기 때문에 시조가 다를뿐더러 족보와 종회도 달리하고 있다. 한산이씨, 여주이씨 등도 같은 사유로 인해서 족보와 종회를 달리하고 있다. 하나로 묶어줄 공동 조상(시조)을 찾을 수 없기 때문이다.

5대보에서는 '내사령 시조'란 말은 역대 조상의 족보나 비문 등의 문헌을 통틀어 어디에서도 찾아볼 수 없는 언전잡기(諺傳雜記)에 불과한 것이어서 족보의 통합이 불가하므로 별보로(別譜)로 처리한다 하였다. 족보학자 박홍갑은 조선 시대의 족보 편찬에서 별보(別譜)는 동일 성관(姓貫)을 가진 종족이라도 공동조상으로 연결되지 않는 경우 별보로 처리한다고 했다.[22]

이런 맥락에서 보건대 광주이씨 성을 가진 전체를 통합하겠다는 선의의 취지에도 불구하고, 『정묘대동보』는 대동보로서의 가치를 상당 부분 잃었을뿐더러 역대 조상의 뜻에 거스르는 결과를 가져왔다. 이로 인해 후손들로 하여금 '신라 내사령 이자성'을 공인된 광이 시조로 오해하게 만드는 요인이 되었다.

이에 판서공(하원)은 이를 예견이나 했듯이 『변설13조』를 통해서 이런 일이 조상에게는 죄를 짓고, 후세에게는 조롱거리가 된다고 경계했다:

-타인의 언전잡기를 빙자하여 비조(鼻祖·시조)라 칭하여 이를 보첩의 맨 첫머리에 수록하니
只憑他人之諺傳雜記謂爲鼻祖 而開錄譜牒之首

---

[22] 박홍갑, 2017, 「조선후기 광주이씨 창시보와 합동계보」 『한국계보연구』 7호.

-조상에게는 죄를 짓는 일이요, 후세에게는 조롱거리가 되니, 이 어찌 둔촌 제 후손들이 막아야 되지 않겠는가.
上以得罪下以取笑 則此遁村諸孫所可禁

7. 역대 족보의 제작과정

1) 족보는 문중 전체의 합작품

조선 중기에 이뤄진 족보에 대해서 한, 두 명의 독지가에 의해서 이뤄진 것인지, 아니면 종친 모두의 합의에 의한 것인가라는 문제가 제기될 수 있다.

이는 역대 족보에 예외 없이 명기된 '둔촌 1대 시조' '생원공 소자출'이라는 사실을 인정하지 않는 층에서 제기하는 문제이기도 하다. 혹자는 창시보인 『경술보』(1610)가 한음 선생을 비롯한 한두 명이 참여했을 뿐 편찬 시기도 초기가 아닌 9대 조상 때에 이르러 비로소 시조를 정한 것이어서 수긍이 되지 않는다고도 한다.

이는 족보 편찬에 대해 모르는 데서 나온 말이다. 족보는 한두 명이 할 정도로 그렇게 간단한 것이 아니다. 족보 편찬에서 필수 요건은 문중 간에 합의에 의한 수단(收單)이다.[23] 족보 제작의 첫째 요건은 수단이다. 수단은 요즘에도 가장

---

23) 수단(收單)은 '여러 사람의 이름을 쓴 단자(單子)' 또는 '그 단자를 거두어들이는 행위'라는 두 가지 뜻이 있다.

어려운 문제다. 하물며 교통 통신 등이 몹시 불편한 당시로서는 보통의 일이 아니었을 것이다.

 이에 더하여 족보에 등재될 종인은 경향 각지에 산재해 있다. 이렇듯 전국 곳곳에 산재되어 있는 방방곡곡의 대표를 찾아가 족보 편찬에 따른 범례 등 제반 문제에 합의한 후 종인들 개개인의 수단을 모아야 한다. 초기 족보에는 서문(序文)을 쓴 대표자만 나와 있고, 그 외의 편찬자는 서문 내용 가운데 일부만이 등장했다는 면에서 오해가 있을 수는 있다.[24]

 이렇듯 경향 각지 종인 하나하나의 수단이 제출되어 족보에 등재된 것이라면, 그 종인은 족보 편찬의 대원칙인 범례에 따른 것이다. 이 같은 문중 모두의 합의의 결과에 따라 위임받은 일부의 편찬위원이 문중을 대표해서 족보를 편찬한 것이다.

2) 족보 제작 과정

 과거 족보의 제작 과정을 상세히 기록한 문헌은 별로 없다. 그러나 아래의 『병진보』 『계유보』 범례에 그 기록이 일부나마 실려 있다. 이를 살펴보면 당시 고난의 제작 과정이 눈에 보인다.

---

[24] 경술보(1610) 기록에 나오는 조상은 서문을 쓴 한음 선생이고, 편찬에 직접 참여한 의성 현감(사수), 홍산 현감(사온)은 서문 내용에만 나온다. 수많은 편찬위원과 수단위원이 참여하였지만 족보에는 기록해 두지 않는 것이 당시의 특징이었다.

① 『병진보』(1796) 편찬 기록

본보의 범례에 그 어려웠던 과정이 고스란히 실려 있다. 이것은 "신해년(1791)에 처음으로 논의를 시작할 때 『갑진보』 후속으로 수단을 할 뜻을 모은 후 이를 제 종파에 통고한다…"는 내용이다.[25] 회의를 시작한 지 5년 만에 이뤄졌다니 당시로서는 인고의 세월이었을 것이다.

또한 족보 수단을 신해(1791)에 시작하여 원고를 수정하고, 바르게 고쳐 쓴 후 인쇄에 들어가 병진(1796)에 모든 족보 사업이 끝났으니 5년여 산고의 결실로서 문중 전체를 아우르는 하나의 작품, 하나의 족보가 탄생하였다는 것을 알 수 있다.[26]

과거의 족보 편찬에는 오늘과 같이 중앙 차원의 편찬위원이나 지파 차원의 수단위원 명단이 실려 있지 않고, 서문을 쓴 대표자 1인의 이름만 실려 있기 때문에 마치 한두 명이 족보 사업을 한 것으로 오해한 것이다.

② 『계유보』(1873) 편찬 기록

본보에 따르면 "1849녀 기유 겨울, 경향 각지의 제 족속이 족보를 만들자는 중간 요청이 있었으나, 사정이 여의치 않아 중지되었다가 무려 21년이 지난 1870년 경오 봄, 경향

---

25) 『병진보』 범례, 1796, "辛亥始議時以但限甲辰譜後屬收單之意通告諸宗…
26) 『병진보』 범례, 1796, "今譜收單始辛亥修草始壬子正書入梓始甲寅撤工

제1편 오대보(五大譜) 중심으로   39

각지의 제 족속이 모여 모임을 가졌다(京鄕諸族齊會). 이 회의에서 범례는 전보인 병진보(1796)에 따르기로 제족이 찬동하여 편찬키로 모두가 동의했으며, 드디어 1873 계유년에 간행하기에 이르렀다"고 했다.

이같이 경향각지의 제족이 모두 모여 대원칙인 범례를 정하고, 수단을 모아 족보 편찬을 하는 길고 힘든 합의의 과정을 거쳐 나온 범례의 하나는 다음과 같다:

"시정공(사수·士修)이 이미 기술한 바와 같이 '충정(동고)공의 광릉세보에 둔촌을 시조로 삼고, 생원공을 시조의 소자출로 정한 것은 우리 종족이 백세토록 바꿀 수 없는 법칙이다.'"[27]

8. '둔촌시조' 부정(否定)에 대하여

앞서와 같이 경향 각지에서 모든 족속이 다 모여 길고 힘든 여정을 거쳐 이뤄진 역대 족보의 편찬 과정을 『병진보』와 『계유보』의 기록을 통해 알아보았다. 이런 과정을 거쳐 이뤄진 역대 족보의 범례에 명시된 '둔촌 1대 시조'와 '생원공 소자출'에도 불구하고, 일부의 둔촌 선생 후손들조차 이를 부정하는 경향이 있다.

---

27) 寺正公先祖旣述忠正公舊書以遁村爲始祖以生員公爲始祖之所自出此固吾宗百世不易之範也

그 주된 원인 가운데, 첫째는 영천의 '생원공 시조 비문'이 주는 파급 효과, 둘째로는 세(世)와 대(代)에 대한 오해, 셋째는 1945년 광복 이후의 한글전용 정책에 기인한 옛 문헌과의 거리감 때문인 것으로 보인다.[28]

작금의 이런 경향과는 달리 광복(1945) 이전의 비문, 행적 등 이와 관련해 구할 수 있는 관련 문헌 80여 건 가운데, 소수의 문헌을 제외하고, 나머지 문건 거의 모두가 '둔촌 선생 광이 시조'로 명기되어있다.

앞에서는 족보를 통해 알아보았으나, 아래는 비문, 묘지, 묘제문, 행장 등의 문헌들을 살펴보고자 한다.

---

[28] 5대보의 범례는 아직도 한글 번역이 이뤄지지 않았으며, 선현의 문집, 비문, 행장 등도 일부를 제외하고는 대다수가 번역이 안 된 상태이다.

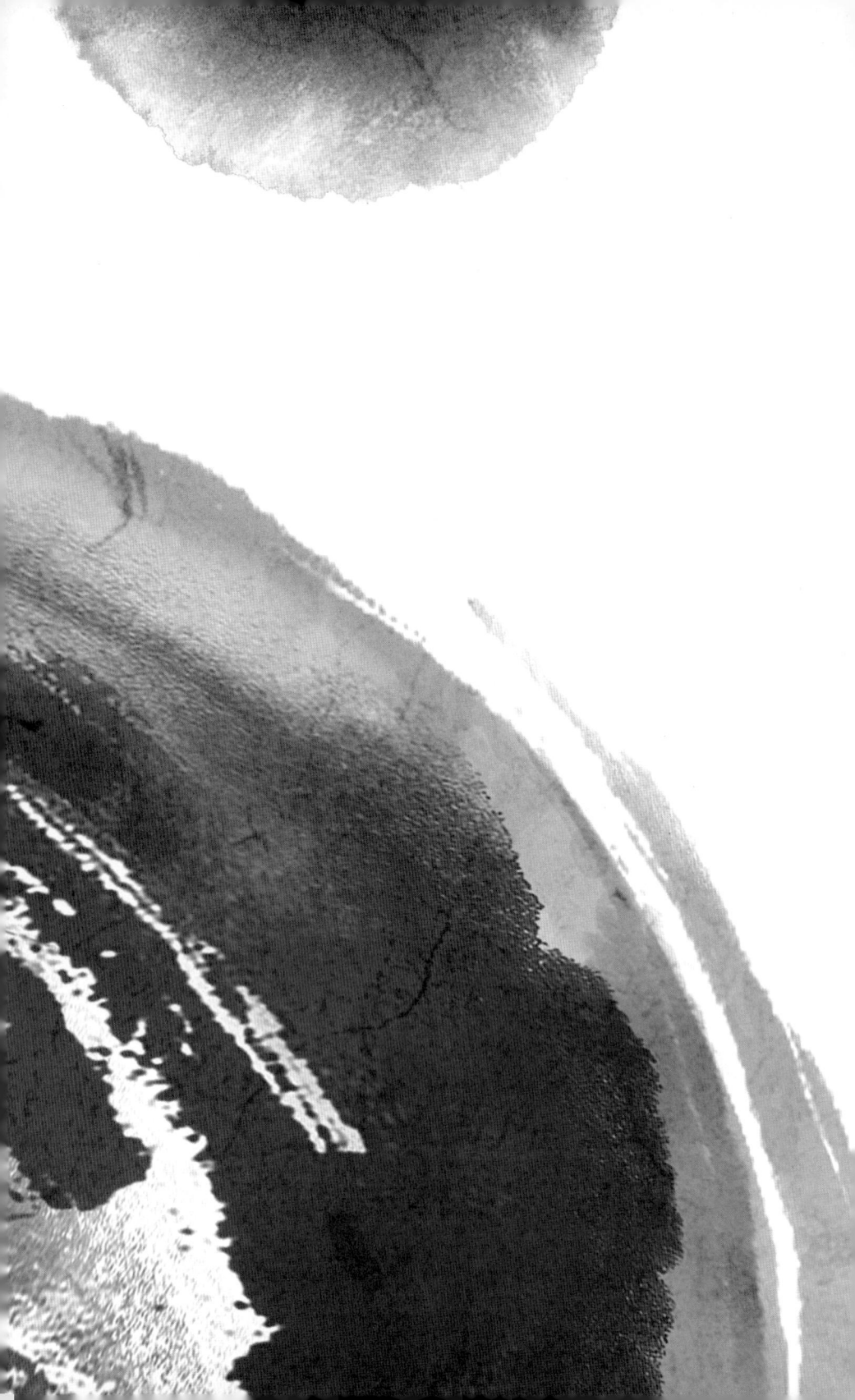

제Ⅱ편

비문, 행장, 제문 등을 통한 둔촌시조론

1. 생원공(휘당) 시조 비문

 광복(1945) 이후 '둔촌시조' '생원공 시조'론에 지대한 영향을 끼친 주된 요인 가운데 하나가 1570년 청도군수공(의경·宜慶)이 세운 '생원공 시조 비문'과 1669년 당시 한성부우윤공(원정·元禎)이 찬한 '생원공 시조 비문'일 것이다.
 1570년 생원공의 7대손(의경)이 청도군수에 부임하여 와 보니 묘소가 황폐하고, 비문조차 식별할 수 없어 '광주이씨 시조묘비'[29]를 세운다 했다. 이 같은 공적에도 불구하고, 생원공 시조비문을 세운 청도군수공은 광천군의 3대손이라는 사실 외에 생·졸 연대 등 더 이상의 행적을 찾을 길이 없다.
 이후 120여 년이 흐른 1669년 탄수(연경·延慶) 선생의 5대 외손 경상관찰사(심재·沈梓)가 부임하여 생원공의 묘소에 성묘를 했는데, 이때의 묘비가 120여 년의 풍상을 겪은 뒤여서 식별이 안 되니 안타까운 나머지 손수 석물을 장만한 후 당시 한성부우윤(원정)에게 비문을 찬하게 하고, 평창군수(상정·象鼎)에게 쓰도록 부탁하여 생원공 시조비가 세워진 것이었다.[30] 그래서 비문의 명칭이 묘비를 다시 세워 쓴 '개수 음기(改竪陰記)'라 하였다.[31]
 본 비문을 찬한 귀암공(원정)과 글씨를 쓴 평창군수공(상정)은 각기 영남의 큰 학자 석담 선생과 한음 선생의 2대손

---
29) 公姓李諱唐廣陵李氏之始祖也
30) 『광이세적』 1권, 國朝人物之盛 廣李爲最 公其始祖也
31) 「始祖墓碣改竪陰記」

으로서 오래도록 교유해온 사이다. 따라서 석담 선생이 직계 선조 비문에 '둔촌선생휘집실위시조(遁村先生諱集實爲始祖)'라 찬하고, 한음 선생 또한 경술보를 통해 '이둔위시(以遁爲始)'를 명백히 한 선대의 유훈을 두 분의 2대손인 이원정과 이상정이 몰랐을 리가 없었다고 본다.

그러나 청도군수공(의경)이 생원공 시조비를 세운 1570년보다 44년 앞선 1526년에 '광주인 원조 둔촌(廣州人遠祖遁村)'이라는 둔촌 선생의 묘비가 세워졌다는 것은 놀라운 사실이다. 이 비는 광릉부원군 2대손 전한공(수공·守恭)의 비문이며, '소문쇄록'으로 유명한 적암 조신(조신·曺伸)이 중종 21년(1526)에 찬한 것이다.[32]

2. 둔촌 선생식위시조(遁村先生寔爲始祖)

'둔촌선생식위시조'[33]라는 묘비문이 효종3년(1652)에 세워졌다. 이 비문은 둔촌 선생의 10대손 예종정랑(휴징·休徵)이 찬하고, 10대손 승문원정자(상진·象震)이 서(書)하였다. 당시 둔촌시조 묘비 설립에 본손 160여 명, 외손 170여명 도합 330여 명의 방대한 인원이 동참하였다는 것은 놀

---

32) 『광주이씨보학총서 부록』 公諱守恭字仲平 廣州人 遠祖遁村 高麗恭愍朝登第 官至判典校寺事 李氏之顯遠矣
33) '식(寔)'은 참으로, 진실로, 이~. '吾李籍于廣而 惟我遁村先生 寔爲始祖'

라운 일이다.[34]

동 비문에 옛날에 조그마한 비가 있었으나 해가 오래되어 깎이고 부스러지니 모든 후손들 가운데, 첨지 형윤(亨胤), 현감 정망(廷望), 현령 필성(必成), 도사 지하(祉遐), 부사과 도빈(道彬), 예조정랑 휴징(休徵), 봉사(奉事) 상정(象鼎), 진사 신징(信澂), 유학(幼學) 두익(斗翼), 갑과급제 원정(元禎), 진사 의징(儀徵), 생원 후징(厚徵), 승문정자 상진(象震), 생원 건징(健澂) 등 160여명이 참석했다는 기록이 있다.

이밖에 외손으로 능천부원군 구인후, 이조판서 정세규, 사헌부집의 송준길, 세자시강원 진선 송시열, 홍문교리 윤집, 사헌부장령 조속 등 170여 명의 명사들이 한자리에 모여 둔촌 선생의 소중한 사적이 인멸 될까 우려 하여 새로이 큰 비를 세우게 되었다했다.

여기서 눈에 띠는 것은 외손 송시열이 발기인의 한사람으로 비문에 이름을 올렸다는 사실과 훗날 이조판서에 오를 귀암공(원정)이 당시에는 갑과 급제자의 신분으로, 훗날 평창군수가 될 봉사공(상정)이 '둔촌시조비' 건립에 참여했다는 점이다.

이런 과정을 거쳐 '둔촌선생식위시조(遁村先生寔爲始祖)'가 표기된 묘비가 세워졌다는 사실은 당시의 광이 제족이 '둔촌시조론'에 대한 충분한 공감이 있었기에 가능한 일이

---

34) 『遁村先生雜詠』 『광이세적』, 「墓碣銘」

었음을 반증한다.

　이로부터 17년 뒤인 1669년, 여기 동참했던 한 분은 '생원공 시조비문'을 찬하고, 다른 한분은 동 비문을 쓰게 되었으니 이것도 인연이다.

3. 연대별로 본 생원공과 둔촌 선생 비문

　아래 예시된 묘비문과 족보가 나온 시기를 살펴보면, 족보가 만들어지기 훨씬 이전부터 둔촌 선생을 시조로 삼았다는 사실을 알 수가 있다.

　아래는 족보와 비문과의 연대를 비교하여 둔촌시조론의 선후관계를 알아본다.[35]

　아래 【표1】 ③의 『동성보』(1550) 범례가[36] 나오기 24년 전에 이미 '둔촌시조'임을 알리는 ①의 전한공(수공) 묘비가 세워졌고, 동 범례가 나오기 7년 전에 '둔촌 비조'라는 ②의 장령공(영부) 묘지명이 세워졌다.

　이에 더하여 1610년 창시보(경술보)와 ①의 1526년 전한공(수공)의 비문을 비교해 보면 더욱 놀랍다. 창시보가 나오

---

[35] 【표1】~【표9】의 문헌 출처는 『광이세적』 『광이 보학총서』 『광이보학총서 부록』 및 참고문헌 목록에 나오는 조상의 문집 등임. 특별한 경우 외에는 일일이 출처를 알리는 각주를 생략한다.
[36] 『광이세적』, 「농성보 범례」

기 무려 84년 전의 비문에 '둔촌시조'가 등장했다는 것은 무엇을 의미하겠는가?

그것은 족보가 나오기 훨씬 전인 광이 초기에 이미 '둔촌시조론'이 정립되어 있었음을 알 수 있다.

【표1】

① 홍문관 전한 수공(守恭) 묘비문--
'廣州人遠祖遁村'(광주인원조둔촌)
사역원정 적암 조신 찬 1526(중종21).[37]

② 사헌부 장령 영부(英符) 묘지명--
'號遁村是爲鼻祖'[38] (호둔촌시위비조)
호음 정사룡 찬 (공의 서거 20년 후) 1543,

③ 동고 선생 동성보 범례--
'以遁村爲始祖' 1550. (이둔촌위시조)

아래 【표2】에서는 '생원공 시조 비문'과 '둔촌시조 비문'과의 선후 관계를 알아본다:

【표2】 ④의 '생원공 시조비문'이 세워지기 15년 앞서 '둔

---

37) 비문을 찬한 적암 조신은 『소문쇄록』으로 일세를 풍미한 문장가이다.
38) 鄭士龍, 『湖陰雜稿』, "吾東諸李著于譜牒者非壹 而籍廣州者最大 有諱集 有名麗季 忤辛旽 避跡自晦 號遁村 是爲鼻祖" 원조, 비조, 시조는 다 같은 말이다.

촌시조'임을 알려주는 ①의 통훈대부(수진)의 묘비와 ②의 광안군 묘비가 세워진 것을 보면, '생원공 시조'에 앞서 '둔촌시조'가 정립되었음도 알 수 있다.

【표2】

① 통훈 대부 수진(守震) 묘갈명--
'始祖遁村公諱集'[39] (시조둔촌공휘집)'
대제학 이황 찬 1555.

② 광안군 탄수 연경(延慶) 묘비문--
'廣州人也 其始祖曰集'[40] (광주인야 기시조왈집)'
대제학 이황 찬 1555.

③ 광안군 연경(延慶) 묘지명--
'廣陵之李 胄於遁村判典校寺事諱集'[41]
(광주지이 주어둔촌판전교사사휘집)
좌의정 노수신 찬 1568.

④ 생원공 휘당 시조비문--
'公姓李諱唐 廣陵李氏之始祖也'

---
39) 李滉, 『退溪先生文集』 권46, 「墓碣誌銘」
40) 李滉, 『退溪先生文集』 권47, 「墓碣誌銘」
41) '주(冑)'=혈통·자손: '광릉이씨는 둔촌의 혈통'이란 말은 곧 '시조'를 뜻한다. 盧守愼, 『穌齋集』 권9, 「墓誌」

(공성이휘당 광릉이씨지시조야)
청도군수 7대손 의경(宜慶) 1570.

⑤ 동고상공 준경(浚慶) 묘비문--
'其始 麗代聞人 有諱集'[42)]
(기시 여대문인 유휘집)
좌의정 노수신 찬 1578.

⑥ 한음 선생 서문 경술보--
'以遁爲始(이둔위시)' 1610.

이로서 ⑥의 『경술보』가 나오기 80여 년 전부터 '광주이씨 둔촌시조'가 널리 통용되었다는 사실을 알 수 있다:

아래는 『경술보』 이후 '둔촌시조'를 표기한 가장(행장), 시장(諡狀), 묘지(墓誌·壙記), 비문, 묘제문 등이 연이어 출현하였음을 보여주고 있다.

아래【표3】②에서 석담 선생은 처사공 준경 비문에 '遁村先生實爲始祖(둔촌선생실위시조)'라 하고, 낙촌(도장) 또한 부친의 '석담 가장'에 '遁村先生寔爲始祖(둔촌선생식위시조)'라 쓴 반면에, 석담이 찬한 ③의 승사랑(지·摯)의 비문

---

42) 盧守愼, 『穌齋集』 권 10, 「碑碣」

에는 '실위시조'가 아닌 '始祖諱唐(시조휘당)'이라고만 썼다는 점에서 대조가 된다.

⑧에서 귀암공은 1667년 둔촌시조 묘제에서 '시조 둔촌 묘제문'을 썼다. 이후 2년 뒤인 1669년에 ⑨의 생원공 시조비문을 찬하였다. 이로서 '둔촌시조'는 '실위시조' 차원에서 '생원공 시조'는 예우 차원이었음이 이후의 고증을 통해 밝혀진다.

【표3】

① 광림군 정립(廷立) 묘비명--
'李爲廣州大姓其始有集'[43] (이위광주대성기시유집)
백사 이항복 계축 1613.

② 처사공 준경(遵慶) 묘비문--
'廣州人 遁村先生實爲始祖' (광주인 둔촌선생실위시조)
석담 윤우 찬 1633.

③ 승사랑 지(摯) 묘비문--
'廣州人 始祖諱唐' (광주인 시조휘당)
석담 윤우(潤雨) 찬 1633.

---

[43] '始'는 '以遁爲始'에서와 같이 '始=始祖'. 李廷立『溪隱遺稿』, "李爲廣州大姓 其始有諱集 倜儻多大節 與圃隱 牧隱特相友善 嘗劾妖僧辛旽不道事 旽謀殺之 負父南奔永川 因自號曰遁材 入我朝"

④ 석담 윤우(潤雨) 가장(家狀)--

'遁村先生寔爲始祖'⁴⁴⁾ (둔촌선생식위시조)

낙촌 도장(道長) 찬 1634 10월.

⑤ 강계부사 상안(尙安) 묘비문--

'號遁村卽公之始祖也' (호둔촌즉공지시조야)

영의정 이경석 찬 1645.

⑥ 둔촌 휘집 시조비문--

'惟我遁村先生寔爲始祖'⁴⁵⁾ (유아둔촌선생식위시조)

예조정랑 10대손 휴징 찬 1652.

⑦ 둔촌 선생 묘역수호기--

'名家始祖墓' (명가시조묘)

예조정랑 휴징 찬 1665. 시월.

⑧ 둔촌시조 묘제문--

'祭始祖遁村先生墓文'(제시조둔촌선생묘문)

---

44) '寔'= 참으로, 진실로, 이~. 李潤雨, 『石潭集』, 府君諱潤雨 字茂伯 姓李氏 廣州人 石潭 其號也 在麗末 有諱集 官至判典校寺事 以文章 志節鳴於世 號遁村先生 寔爲始祖

45) '실위시조(實爲始祖)'에서 '實'은 '참으로, 진실로, 본질, 열매'를 뜻하고, '식위시조(寔爲始祖)'에서 '寔'은 '참으로, 진실로, 이 분이~'라는 뜻이다. '실위시조'나 '식위시조'는 유독 둔촌시조에게만 썼다는 점에서 둔촌 선생을 광이의 실질적인 시조로 삼았음을 알 수 있다.『광이세적』1권 4편,「둔촌 선생 및 유사」

(귀암) 원정 찬 1667년 정미.

⑨ 생원공(휘당) 시조비문--
'廣李爲最公其始祖也'(광이위최공기시조야)
한성부우윤 원정 찬 1669.

⑩ 둔촌 선생 유고 중간 발(重刊跋)--
'我始祖遁村先生遺稿…'(아시조둔촌선생유고…)
10대손 후원 찬 1686년 여름.

⑪ 충장공(광악·光岳) 시장(諡狀)--
'廣陵遠有代序 始祖諱集'(광릉원유대서 시조휘집)
대제학 강현 찬 1708.

⑫ 한성부판윤(의만) 묘지명--
'廣陵李皆祖於遁村先生'[46] (광릉이개조어둔촌선생)
도승지 윤휘정 찬 1724~.

⑬ 대사헌 박곡(원록·元祿) 행장--
'廣之李氏…遁村先生諱集爲鼻祖'[47]
(광지이씨…둔촌선생휘집위비조)

---

46) 『광이회보』 3호. 개조 = 시조(둔촌은 광릉이씨 모두의 조상이라 했으므로)
47) 宋履錫, 『南村文集』 5권, 「大司憲朴谷李公行狀」

남촌 송이석 찬, 숙종 조 1750~.

⑭ 증정경부인 인화이씨 광기(壙記·墓誌)--
'仁華李氏…我始祖 判典校寺事 遁村先生諱集 所自出也'
(인화이씨…아시조 판전교시사 둔촌 선생 휘집 소자출야)
사복시정 14대손 명익(命益) 찬 1763년 7월 초1일.

⑮ 이조판서 의익(宜翼) 행장--
'始祖遁村李集'(시조둔촌이집)
대사헌 1대손 병교 찬 1883.

⑯ 경무공 우항(宇恒) 묘비문--
鼻祖諱集遁村先生 (비조휘집둔촌선생)
안동 김원영 찬, 고종 때.

위【표3】⑭의 증 정경부인 인화이씨의 광기에 "인화이씨는 우리 시조 판전교시사 둔촌 선생 휘집의 소자출이시다"라 했다. 여기서 인화이씨 할머니를 '둔촌시조의 소자출'이라 명기한 점이 주목된다.

앞에 든 실례를 통해서 알 수 있는 것은『경술보』(1610)는 물론이고,『동성보』(1550) 이전에 이미 '시조를 둔촌 선생으로 삼았음(以遁村爲始祖)'을 비문을 통해 알 수 있었다.

앞에서 비문에 의한 문헌을 통해서 광이 족보의 출현 이

전에 이미 '가문을 일으킨 조상이 시조, 즉 기가시조(起家始祖)'에 입각한 '둔촌시조론'이 정립되었음을 알 수 있었다.

또한 족보 이전에 이미 보첩(譜牒)이 있었음도 비문을 통해서 알 수 있다.【표1】②의 호음 정사룡이 1543년에 쓴 장령공(영부)의 묘지명에 "우리 동방의 모든 이씨들 가운데 보첩으로 뛰어난 곳이 많지만, 광주이씨가 최고로 위대한데 거기에 휘집(集)이 있으시다. 신돈에 거역한 후 숨어 은둔하고 호가 둔촌이신데 이분이 바로 비조(시조)이시다"가 그것을 말해준다.[48]

호음 정사룡은 문장이 능하여 대제학을 역임하고 서예에 뛰어났는데, 특히 '이둔촌집비문(李遁村集碑文)'을 서(書)한 것으로 유명하다.

이 밖에 공조참의공(홍남·洪男)은 '호음 선생의 부음을 듣고'라는 만시까지 지었다.[49] 이로 보건대 호음은 당시 광이 선조들과의 교유 관계가 밀접하여 광이 문중의 시조 옹립에 대한 충분한 사전 지식이 '號遁村是爲鼻祖(호둔촌시위조비)'에 반영되었을 것으로 본다.

---

48) 정사룡,『호음잡고』, 앞에서 원문 소개함
49) 李洪男,『汲古遺稿』상권, '聞湖陰鄭先生辭世'

4. 석전 문중 시조론

일반적으로 광이의 여러 문중들 가운데 '생원공 시조론'이 가장 우세한 곳이 칠곡의 석전 문중으로 알려져 있다. 그것은 무엇보다도 귀암(원정)공이 1669년에 찬한 '생원공 시조 비문'의 후세에 미치는 영향력 때문일 것이다.

그러나 광이의 여러 문중 가운데 '둔촌시조론'을 뒷받침해주는 비문, 묘지(墓誌), 행장, 가장(家狀), 제문 등의 문헌이 가장 풍부하게 전해오는 곳이 석전 문중이다. 그것은 문중에 전해오는 『석담집』『낙촌집』『귀암집』『담명집』『묵헌집』에 소중한 관련 문헌이 고스란히 실려 있기 때문이다.

이에 더하여 여타 문중과는 달리 별다른 관직이 없는 조상의 묘비에도 예외 없이 음기(陰記)[50]를 썼을 뿐더러 비문, 묘지(墓誌), 행장, 가장 등에 '광이 시조'를 거의 예외 없이 표기하여 광이의 정체성을 분명히 밝혔다는 점에서 여타 문중과는 달리 보였다.

이런 맥락에서 귀암공의 '생원공 시조 비문'만을 보고 '생원공 시조론'을 단정한다는 것은 장님 코끼리 다리 만지는 격이다.

사람은 유년 시절부터 조부모로부터 받는 정신적인 영향이 가장 크다. 그러므로 어떤 인물에 대한 평에서 그의 성장 배경과 교육 환경은 필수 요소이다. 공은 13세까지 영남의

---

50) 陰記: 비석의 뒷면에 행장 등을 새긴 글

큰 학자이신 조부의 슬하에서 수학하였다. 이 때문에 감수성이 큰 유년 시절부터 조부로부터 받은 보학지식은 무시할 수 없을 것이다.

이런 가운데 석담 선생의 '광이 둔촌시조론'이 곧바로 낙촌과 귀암에 이어 정재와 묵헌으로 면면히 이어진 사실을 아래에 그 실례를 들어 설명한다.

1) 석담 선생 '둔촌시조론'

아래【표4】①의 승사랑공 비문에 '광주인 시조휘당'으로, ③의 처사공 비문에서는 '둔촌선생실위시조'라 하였다. 실위시조는 '실제의 시조' 와 '이분이 바로 시조이다'라는 강조의 뜻이 있다. ④의 석담 가장의 '식위시조' 역시 '진실로 시조' 또는 '이분이 바로 시조이시다'라는 강조 어법을 썼다. ②의 진사공 묘지명, ⑤의 석담 묘지명, ⑥의 석담 비문에는 비록 '시조'라는 표기는 없지만, 시조의 성립 조건인 '기가시조(起家始祖)'를 함축하는 내용이 들어있다. ②의 진사공 묘지명에 "광이는 고려 말에 일어났는데, 거기에 휘집이 있으시다"나, ⑤의 묘지명에서 "그의 선세에 휘집이 있으신데, 고려 말 문장지절(文章志節)로 세상을 빛내시었다"가 그것이다.

【표4】[51)]

① 승사랑공 지(摯) 묘비문--

'廣州人始祖諱唐'(광주인시조휘당)

석담 윤우(潤雨) 찬 1633.

② 진사공 덕부(德符) 묘지명--

'廣李起於麗末…有諱集判典敎寺事'

(광이기어여말…유휘집판전교사사)

석담 윤우(潤雨) 찬 1633. 8월.

③ 처사공 준경(遵慶) 묘비문--

'遁村先生實爲始祖'(둔촌선생실위시조)

석담 윤우(潤雨) 찬 1633.

④ 석담(潤雨) 가장(家狀)--

'遁村先生寔爲始祖'[52)] (둔촌선생식위시조)

(낙촌) 도장(道長) 찬 1634 冬10월.

⑤ 석담 윤우(潤雨) 묘지명--

'其上世有集以文章志節顯於麗赫世…'[53)]

---

51) 李潤雨, 『石潭集』墓碣, 墓誌, 附錄
52) '식위시조'는 '실제의 시조' 또는 '이분이 바로 시조이시다'의 뜻으로 시조를 강조한 어법이다.
53) 그의 선대에 휘집이 있으신데, 문장과 지조와 절의로 고려 말 세상에 빛이 났다.

(기상세유집이문장지절현어려혁세…)
호조판서 김세렴 찬 1634(장례일).

⑥ 석담 윤우(潤雨) 묘갈명--
'其先廣陵人判典敎寺事集號遁村'[54]
(기선광릉인판전교사사집호둔촌)
영의정 허목 찬 1675.

  이로 보건대 생원공은 예우 차원에서, 둔촌 선생은 실질 시조로 모시었음을 알 수 있다. 이것은 1652년 예조정랑(휴징)이 찬한 '惟我遁村先生寔爲始祖(유아둔촌선생식위시조)'와 상통한다.

  위【표4】④에서 석담 선생의 1대손 낙촌(도장)이 쓴 석담 가장에 '遁村先生寔爲始祖(둔촌선생식위시조)'라 했다. 이 가장을 쓴 시기는 석담 선생이 작고(1634)한 바로 그해 10월이다.

  가장(家狀)은 일종의 행장으로 사람이 작고하면 그분의 행적을 더듬어 써두었다가 후에 비문의 기초가 되기 위한 것이다. 석담 가장에 '둔촌선생실위시조'가 들어간 것은 선친 석담의 유지가 있었기에 가능한 일이었다.

---

54) 李潤雨, 『石潭集』 '其先廣陵人…遁村'에서 '선(先)'은 '先' '初' '始'를 뜻하므로 '그의 시조는 광릉인 둔촌'이란 뜻도 가능하다고 본다.

다음은 『경술보』 서문을 쓴 한음과 석담의 교유 관계를 통해서 경술보 범례의 '이둔위시(以遁爲始)'를 이 두 분이 공감했음을 알아본다:

『경술보』(1610)를 만들 당시 한음 49세, 석담 42세, 항렬이 같은 9대로서 서로가 '족형' '족제'라 부르는 사이였다.

이에 더하여 한음이 1601년 도체찰사로서 경상도에 이르러 영남의 대학자인 한강 정구와 그의 문인(門人)인 석담 윤우, 여헌 장현광 등과 교유를 하였다. 이때 석담이 한음 시에 차운하여 한음의 일생충의(一生忠義)를 읊은 시를 보면 교유관계가 어느 정도였는지를 알 수가 있다.[55]

또한 한음 서거 후 석담 65세 되던 1630년, 황해관찰사로 나갔다가 10년 만에 찾아와 상봉한 한음의 차자, 43세의 족질 여황과 술잔을 가득 채워 빈번히 마시었다는 '족질에게 주는 시'를 보아도 석담과 한음과의 교유 관계를 미루어 알 수가 있다.[56]

이 같은 교유 관계뿐만 아니라 학문적으로 왕성한 나이의 42세 석담 선생으로서 『경술보』보다 80여 년이나 앞선 시기부터 광이 선조의 비문에 '시조 둔촌'이 등장했다는 사실을 너무도 잘 알았을 것이다.

---

55) 李潤雨, 『石潭集』 「次族兄漢陰韻」 "誰云天險是崤關 平地如今道又艱 魂到九原應不死 一生忠義炳如丹"
56) 李潤雨, 『石潭集』 「贈族侄如璜」 "日暮雲垂地 秋江水接天 相逢十年面 滿酌不辭頻(해 저물어 구름은 땅에 드리우고, 강물은 하늘에 접해있구나. 상봉 10년 만에 서로 마주하여 술잔 가득 부어 마시고 또 마시노라."

이런 면에서 보건대 석담 선생은 『경술보』(1610)의 편찬이나 수단에 직·간접으로 관여했다고 본다.

따라서 석담 선생의 '둔촌선생실위시조'는 이런 전후 사정에 연유한다고 본다.

2) 귀암공의 '둔촌시조론'

광복 이후 '생원공(휘당) 시조론'이 우세했던 원인 가운데 하나가 귀암공이 찬한 아래 【표5】 ⑤의 1669년 '생원공 시조비문'에 힘입은 바 크다고 본다. 그러나 이 한 가지 사례만으로 '생원공 시조론'을 주장하는 것은 그 근거가 너무나도 빈약하다.

【표5】[57)]

① 둔촌 선생 광이 시조비--(발기인으로 참여)
'遁村先生寔爲始祖' (둔촌선생식위시조)
예조정랑(휴징) 찬 1652.[58)]

② 낙촌부군행장--
'洛村其先廣州人始祖遁村先生諱集'
(낙촌기선광주인시조둔촌선생휘집)
(귀암) 원정 찬 1665.

---

57) 李元禎, 『歸巖集』 祭文, 墓碣文, 行狀, 附錄
58) 이때 귀암공은 갑과 급제생으로 발기에 참여했다.

③ 둔촌시조 묘제문--

'祭始祖遁村先生墓文'(제시조둔촌선생묘문)

(귀암) 원정 찬 1667년 정미.

④ 고촌 선생(心弘) 묘비문--

'遁村先生諱集爲始祖'(둔촌선생휘집위시조)

(귀암) 원정 찬.

⑤ 생원공 시조비문--

'國朝人物之盛廣李爲最諱唐其始祖'

(국조인물지성광이위최휘당기시조)

한성부우윤 원정 찬, 상정 書 1669.

⑥ 귀암(원정)공 가장(家狀)--

'姓李氏號歸巖系出廣州鼻祖遁村先生諱集'

(성이씨호귀암계출광주비조둔촌선생휘집)

2대손 세원 찬 1778 여름.

⑦ 문익공(元禎) 묘비문--

'其先廣陵人在麗判典校寺事號遁村'

(기선광릉인재려판전교사사호둔촌)

영의정 채제공 찬 1796.

⑧ 귀암공 시장(諡狀)--

'公諱元禎字士徵系出廣州始祖諱集'[59]

(공휘원정자사징계출광주시조휘집)

이조판서 의익(한음 9대손) 찬 1871.

위【표5】①에서 1669년 '생원공 시조비' 건립보다 17년 앞선 1652년 둔촌시조비가 건립되었다. 이때 귀암공은 갑과 급제자의 신분, 발기인의 한사람으로 참여하였다는 것은 '둔촌 광이 시조'라는 뜻에 동감했기 때문이었을 것이다.

또한 생원공 시조비문 건립 2년 전인 1667년 ③의 둔촌시조 묘제에 임하여 '祭始祖遁村先生墓文(제시조둔촌선생묘문)'을 썼다.

이 밖에 귀암공 또한 ②의 선친 행장과 ④의 방계조 비문에도 '시조 둔촌'으로 표기했다.

귀암공의 이 같은 행적은 '둔촌 실위시조'에 관한 선대의 유지와 귀암공이 남긴 문헌으로 비추어 '생원공 시조'는 예우 차원에서, '둔촌시조'는 실위 시조 차원이었던 것으로 본다. 이것은 귀암공이 13세까지 조부의 슬하에서 받은 교육의 영향이었을 것으로 본다.

위 ⑥에서 2대손 세원이 귀암공 가장을 쓰면서 '광주 비조 둔촌휘집'을 가장(家狀)에 넣었다. 가장은 조상의 평생 행적이나 유지를 기록해 두는 것으로 뒤에 쓸 비문 작성의 바탕

---

[59] 李元禎, 『歸巖集』「諡狀」

이 된다. 그러므로 조부 귀암공의 유지가 아니고서는 손주가 조부의 가장에 '둔촌시조'를 넣을 수 없는 것이다.

또한 위 ⑧ 귀암공의 시호를 받기 위해 쓴 시장(諡狀)에도 '광주시조휘집'이라 했다. 1871(고종8)년 한음 선생 9대손 이조판서(의익)공이 시장을 작성한 후 고종 임금에게 주청하여 '문익(文翼)'이란 시호(諡號)를 받았다. 임금에게서 시호를 받으려면 주청할 인물을 해당 문중에서 선정한다. 이렇게 선정된 시호 주청자는 해당 문중과 협의하여 시장을 작성하는 것이므로 시장에 '둔촌시조'로 표기한 것은 전적으로 석전 문중의 뜻에 따른 것이다.

이로 보건대 당시의 석전 문중에서는 '둔촌시조론'이 어느 문중보다 우세했던 것으로 본다.

3) 정재공의 둔촌시조론

아사(餓死) 직전의 수많은 영남 백성들을 구휼한 공적으로 세워진 '영사비(永思碑)'로 전설적인 인물이 된 경상관찰사(담명)공 역시 증조(석담)와 부친(귀암)의 유지를 따라 '광주이씨 둔촌시조론'을 견지하였다.

아래 【표6】에서 정재공은 ①의 선친 귀암공의 행적, ②의 선친의 비문, ③의 증조 묘비, ④의 교리공 묘지명 모두에 둔촌시조 또는 비조로 표기하였다.

【표6】[60]

① 선고 원정(元禎) 행적--

'先親諱元禎…廣州李氏也 鼻祖遁村先生諱集'

(선친휘원정…광주이씨야 비조둔촌선생휘집)

(정재) 담명 찬 1689.

② 선고 원정 묘비문--

'號歸巖…高麗遁村先生諱集卽鼻祖也'

(호귀암…'고려둔촌선생휘집즉비조야)

(정재) 담명 찬.

③ 증조고 영우(英雨) 묘지명--

'系廣州…號遁村先生爲始祖'

(계광주…호둔촌선생위시조)

정재 담명 찬.

④ 교리공 한명(漢命) 묘지명--

'廣州人 始祖諱集' (광주인 시조휘집)

정재 담명 찬.

⑤ 정재공 담명(聃命) 묘갈명--

---

60) 李聃命,『靜齋集』家狀, 墓誌, 附錄

'李氏本廣州 始祖高麗遁村先生諱集'[61]
(이씨본광주시조 고려둔촌선생휘집)
대사간 유치명 찬 1843.

⑥ 정재공 담명 家狀(가장)--
'公諱聃明…始祖諱集' (공휘담명…시조휘집)
6대손 의수 찬.

⑦ 정재공 담명 행장--
'始祖諱集…爲廣州氏鼻祖'[62]
(시조휘집…위광주씨비조)
강해 찬 조선 후기.

위 ⑤의 유치명이 쓴 정재공 묘비명, ⑥의 6대손 의수가 쓴 공의 가장, ⑦의 강해가 쓴 공의 행장 역시 '둔촌시조 또는 비조'로 표기했다.
위의 가장(행장)은 서거하신 분의 행적, 유지 등을 받들어 기록하는 것이므로 가장에 반영된 '광주이씨 시조(비조) 둔촌'은 정재(담명)공의 선대에서부터 이어온 유지를 받았음이 분명하다.

---

61) 柳致明, 『定齋集』 30권, 墓碣銘
62) 李聃命, 『靜齋集』 行狀

4) 묵헌 선생의 '둔촌시조론'

묵헌(만운·萬運)은 석담 선생 7대손으로 정조 때 문과 급제했으나, 4대조 정재공(담명)이 신임옥사를 당하여 형벌을 받은 일이 있었다. 이는 과거 숙종연간의 경신환국 때 희생된 부친(원정)의 원수를 갚으려 했다는 죄목이었다. 묵헌공은 이 같은 조상 때의 해묵은 일로 벼슬길이 막혀 조상의 땅 칠곡에서 선비로 은거하였다.

그 후 60세의 늦은 나이에 중앙의 인정을 받아 안의 현감에 이어 사헌부 지평에 오르고 더 이상은 오르지 못하였으나 천문, 지리, 역산, 명물(名物)에 밝았으며, 『묵헌집(黙軒集)』을 남기었다.

조상의 일로 비운을 겪어온 묵헌 선생이기에 선대에 대한 흠모가 남달랐을 것이다. 묵헌은 석담에 이은 역대 조상의 유지를 몸소 이어받았다. 이에 따라 역대 선조가 남긴 '광이 시조 둔촌'과 관련된 문헌을 조상의 비문, 묘지, 행장 등에 적극 반영하여 11건이나 되는 관련 문헌을 문집에 담았다.

이렇게 많은 문헌들이 인멸되지 않고 후세에 고스란히 전해오는 것은 자신의 문집이 있었기에 가능한 일이었다.[63]

이로서 선생은 후세의 광이 정체성을 바로 잡는데 지대한 공헌을 하였다고 본다.

아래【표7】에 열거한 문헌들이 그 하나의 예이다:

---
63) 李萬運, 『黙軒集』

①의 박곡공 묘비문에서는 '광주이씨 둔촌 선생의 후손'이라고만 되어있고, '시조(비조)'라는 내용은 없지만, '생원공 휘당'에 대한 언급이 없는 상황에서는 '광주이씨는 둔촌 모두의 후손' 즉 '시조'의 의미를 갖는다. ②의 조고 윤중 묘지명, ③의 병조좌랑 묘비문, ④의 감호당 묘비문 등에는 '둔촌 시조' '둔촌 비조'라 표기했다.

묵헌은 ⑤의 감호당 행장을 쓰면서 7대조(석담)가 쓴 '遁村先生諱集實爲始祖(둔촌선생휘집실위시조)'를 그대로 이어 썼다는 점이 눈에 띈다.

이는 바로 7대조 석담 선생의 유지를 그대로 따른 것으로 예우 차원의 시조가 아닌 '실 시조(實始祖)'를 강조해 쓴 말이다.

【표7】[64)]

① 박곡공 원록(元祿) 묘비문--
'廣州李氏遁村先生諱集之後'
(광주이씨둔촌선생휘집지후)
종5대손 만운 찬 1780~

② 조고 윤중(允中) 묘지명--
'廣州李氏遁村先生諱集爲始祖'
(광주이씨둔촌선생휘집위시조)

---
64) 李萬運, 『默軒集』墓誌銘, 墓碣銘

묵헌 만운 찬 1780~

③ 병조좌랑 기명(基命) 묘비문--
'廣州人鼻祖諱集高麗判典校寺事'
(광주인비조휘집고려판전교사사)
묵헌 만운 찬 1780~

④ 종6대조 감호당 휘 도장(道章) 묘비문--
'鼻祖判典校寺事遁村諱集' (비조판전교시사둔촌휘집)
묵헌 만운 찬 1780~

⑤ 종6대조 감호당 도장(道章) 행장--
'遁村先生諱集實爲始祖' (둔촌선생휘집실위시조)
묵헌 만운 찬 1780~

⑥ 형조좌랑 주명(周命) 묘비문--
'始祖遁村先生諱集' (시조둔촌선생휘집)
묵헌 만운 찬 1780~

⑦ 7대조 영우(榮雨) 묘비문--
'遁村先生諱集卽鼻祖也' (둔촌선생휘집즉비조야)
묵헌 만운 찬 1780~

⑧ 구례현감 인부(仁符) 묘비문--

'始祖諱集遁村先生' (시조휘집둔촌선생)

묵헌 만운 찬 1780~

⑨ 증조부 달중(達中) 묘비문--

'廣州人遁村先生諱集卽鼻祖也'

(광주인둔선생휘집즉비조야)

묵헌 만운 찬 1780~

⑩ 증조고 학중(學中) 묘비문--

'始祖遁村先生諱集' (시조둔촌선생휘집)

묵헌 만운 찬 1780~

⑪ 학생 이공 유중(裕中) 묘갈명--

'廣州李氏自遁村先生以來代有名碩'

(광주이씨자둔촌선생이래대유명석)

묵헌 만운 찬 1780~

⑫ 묵헌공 만운(萬運) 묘비문--

'遁村集其初祖'[65] (둔촌집기초조)

회당 장석영 찬 1890~

---

65) 李萬運, 『默軒集』 위 ⑪의 장석영은 칠곡 출신의 유학자임. '초조(初祖)'는 '비조' '시조' 같은 뜻.

시조론(始祖論)

5. 기가시조(起家始祖)에 상응한 문헌

제1편 4)에서 시조의 성립 조건은 태어난 순서(生民)가 아닌 '기가시조(起家始祖)' 즉 가문을 일으켜 세운 조상이라 했다.[66]

아래는 광이 최초 족보의 등장 이전에 쓰인 비문, 졸기, 행장 등으로서 '시조'라는 직접 표현보다는 시조가 될 수 있는 의미를 함축함으로서 가문을 일으켜 세운 '시조'임을 표시하고 있다.

아래【표8】의 문헌들은 생원공에 대한 언급이 없이 둔촌 선조에 대해서만 표기되어 있다. 비록 직접적인 '시조' 표기는 없어도 '遁村之後' '遁村之 曾孫' '廣李自遁村始大' '廣李自遁村始顯' '廣李上世有諱集'이라 썼다. 이것을 풀이하면 '광이는 둔촌의 후손' '둔촌의 증손' '광이는 둔촌으로부터 커지기 시작' '광이는 둔촌으로부터 현달하기 시작' '광이 윗대에 휘집이 있으시다'라는 의미로서 결국 이것은 '광이는 둔촌으로부터 비롯된다'로 귀결된다. 이것이 바로 시조의 조건인 '기가시조(起家始祖)'에 해당한다.

아래【표8】①의 1463년 충희공 졸기에는 '集之孫', 즉 '둔촌의 손'이라고만 쓰여 있는데, 이는 바로 광이는 생원공이 아닌 둔촌시조를 기준으로 한 것에 의미를 두며, 광이 창시

---

66)『세조실록』7권, 3년(1457) 3월 21일(기사) 참소.

보가 나오기 무려 147년 전이라는 점에서 의미가 있다.

또한 ⑧ "廣之李 自遁村始大"는 "광주이씨는 둔촌으로부터 커지기 시작했다"로서 "광주이씨는 둔촌으로부터 일어나기 시작했다"는 뜻이다. 때문에 시조의 자격 조건인 '기가시조(起家始祖)'에 상응한다.

중종 때의 문신 눌재 박상이 1517년에 쓴 【표8】 ⑤의 관찰사(세우) 비문에 "광이는 둔촌으로부터 현달했고, 둔촌이 고려에 이름을 떨쳐 마침내 그 연원(淵源)을 능가하였다(乃浚其源)"라 했다. 연원은 바로 소자출을 말하므로 둔촌이 소자출을 능가하였다라는 말이다.

이것이 바로 '개천에서 용 났다'라는 말에 해당한다.

【표8】

① 충희공 인손(仁孫) 졸기--
'廣州人 集之孫' 1463. (광주인 집지손)

② 광릉부원군 묘비명--
'曾祖諱集判典校寺事…' (증조휘집판전교사사…)
춘추관사 신종호 찬 1495.

③ 광릉부원군 이극배 졸기--
'曾祖集 號遁村' 1495. (증조집 호둔촌)

④ 광원군 이극돈 졸기--

'遁村李集之曾孫' 1503. (둔촌이집지증손)

⑤ 관찰사 세우 묘비문--

'廣李氏自遁村顯…遁村名麗乃浚其源'

(광이씨자둔촌현…둔촌명려내준기원)

눌재 박상찬 1517.

⑥ 『용재총화』 권 2--

'廣李自遁村以後漸大' (광이자둔촌이후점대)

성현(成俔) 1525.

⑦ 장단도호부사 반(攀) 묘지명--

'遁村之後' (둔촌지후)

호음 정사룡 찬 1543.

⑧ 숭덕재공 윤경(潤慶) 묘비문 --

'廣之李自遁村始大' (광지이자둔촌시대)

(동고) 준경 찬 1562.

⑨ 숭덕재공 행장--

'廣之李 自遁村始大 遁村諱集'

(광지이 자둔촌시대 둔촌휘집)

동고 준경 찬 1562.

⑩ 영의정 이준경 졸기--
'廣州人…遁村李集之後也'
1572. (광주인…둔촌이집지후야)

⑪ 숭덕재공 윤경(潤慶) 묘비문--
'廣李上世有諱集'⁶⁷⁾ (광이상세유휘집)
좌의정 노수신 찬 1578.

⑫ 동고 선생 준경(浚慶) 행장 --
'李氏自遁村始大' (이씨자둔촌시대)
소재 노수신 1578.

　위 ⑥의 성현(成俔)이 1525년『용재총화』에 쓴 그 유명한 말 "지금 문벌이 번성하기로는 광주이씨가 으뜸이고, 그 다음으로는 우리 성씨(成氏)만 한 집안도 없는데, 광주이씨는 둔촌 이후로 점점 커졌다"라고 했다.⁶⁸⁾

　명문 창녕 성씨인 성현의 이 말에서 바닥으로부터 일어나 문벌의 두꺼운 벽을 뚫고, 새로운 문벌을 일으킨 둔촌의 위업이 더욱 빛을 발한다. 이런데도 불구하고 그 누가 '둔촌시

---

67) 盧守愼,『蘇齋先生文集』권9,「墓碣銘」
68) 成俔,『慵齋叢話』권2, "當今門閥之盛 廣州李氏爲最 其次莫如我成氏 廣李自遁村以後漸大"

조'를 부정할 수 있단 말인가?

아래【표9】는 창시보인『경술보』(1610) 이후의 기가시조(起家始祖)에 상응하는 문헌들이다:

【표9】①에서 백사 이항복은 한음 묘지명에 "광주이씨는 덕망 높은 일족으로서… 세상에 이름을 떨친 자 있으니 바로 둔촌 집이시다"라 하여 둔촌의 위업인 덕망을 높이 그렸다.

②의 대제학 조경은 "광이 선세에 둔촌옹의 효행과 절개가 세상에 우뚝하여 후세까지 창대하도다"라 하여 효행과 절의가 누구도 따라올 수 없는 둔촌의 최고 덕목임을 높이 샀다.

③의 1665년 예조정랑공은 '둔촌묘역 수호기'에서 둔촌묘를 일컬어 '명가의 시조묘(名家始祖墓)'로 묘사했다.

⑥의 한성판윤 묘지명 "둔촌 선생은 광이 모두의 조상이다"는 광이의 공동조상, 즉 시조를 말한다.

【표9】

① 한음(덕형) 묘지명--

'李出廣州爲望族…有大名於世者 曰集號遁村'
(이출광주위망족…유대명어세자 왈집호둔촌)
오성 이항복 찬 1613.

② 한음(덕형) 묘비명--

'廣李先遁村翁其倡孝節幷峙于后'
(광이선둔촌옹기창효절병치우후)
대제학 조경 찬 1646.

③ 둔촌 선생 묘역수호기--
'名家始祖墓'(명가시조묘)
예조정랑 휴징 찬 1665. 시월.

④ 예조참판(영현) 묘갈명--
'故遁村李先生在麗季有大名…公其五世孫'
(고둔촌이선생재려계유대명…공기오세손)
우암 송시열 찬 1674.

⑤ 우참찬(필영) 묘비문--
'廣州大姓上世有諱集號遁村'[69]
(광주대성상세유휘집호둔촌)
2대손 청담 보만 찬 1650~.

⑥ 한성부판윤(의만) 묘지명--
'廣陵李皆祖於遁村先生'[70] (광릉이개조어둔촌선생)
도승지 윤휘정 찬 1724~.

---

69)『광이회보』, 5호
70)『광이회보』, 3호

⑦ 이조참판(후징) 묘비명--

'李氏自遁村'[71] (이씨자둔촌)

2대손 진사 명희찬 1724.

⑧ 양진재(수관) 묘비문--

'李自遁村先生始顯于麗' (이자둔촌선생시현우려)

대제학 홍경모 1737.

⑨ 교수공(천추) 묘비문--

"遁村先生諱集 寔爲始祖" 둔촌선생휘집 식위시조

6세손 통정대부 지중추 대시 찬 1792.

⑩ 승문원박사(권·權) 묘비문--

'廣州之李 爲我東閥閱 遁村爲上祖'[72]

(광주지이 위아동벌열 둔촌위상조)

남촌 송이석 찬, 숙종 조 1750~.

⑪ 군자감 경남(경남) 묘비문--

'廣州李氏自遁村大顯' (광주이씨자둔촌대현)

장령 성근묵 찬 1805.

---

71) 『광이회보』, 3호
72) 宋彝錫, 『南村文集』 7권, 墓碣文

제II편 비문, 행장, 제문 등을 통한 둔촌시조론

⑫ 사복시정 여량(여량) 묘비문--
'其先諱集號遁村'(기선휘집호둔촌)
장령 성근묵 찬 1805.

⑬ 처사 이공 면운(勉運) 묘갈명--
'廣州人…號遁村諱集 其祖也'[73]
(광주인…호둔촌휘집 기조야)
대사간 유치명 찬 1847.

⑦의 '李氏自遁村'은 '이씨는 둔촌으로부터 비롯된다'로서 '始' '시조'와 다름 아니다.

⑧의 양진재공 비문 "이씨는 고려 말 둔촌 선생으로부터 현달하기 시작했다"는 바로 기가시조(起家始祖)에 상응하는 말이다.

⑫의 사복시정 비문에서 '先'은 '始也'와 같은 뜻이다.

6. 광복 후의 관련 문헌

아래【표10】②의 1962년 광릉부원군파 소목도에는 생원공 휘당을 '출생조(出生祖)'로하고, '둔촌시조 1세'로 하였다. 생원공을 소자출인 출생조로 둔촌을 1세 시조로 표기함

---

73) 柳致明, 『定齋集』 30권, 墓碣銘

으로서 5대보의 범례에 가장 충실했음을 알 수 있다.

⑤의 참판공 묘비명은 "광주이씨는 둔촌 선생으로부터 마침내 거룩한 몸체와 절의를 세웠다" 의미로 가문을 일으킨 시조를 말한다.

⑥의 참판공 묘비문은 생원공을 비조로 하고, 둔촌을 1세조로 하였다. 1세가 시조이므로 결국 같은 뜻이지만, 두 분 모두를 시조 차원에서 보았다는 점에서 기존의 비문과는 다르다.

【표10】

① 좌의정공파파보--
'李唐 高麗生員, 集1代' 1959.
(이당 고려생원), 집1대

② 광릉부원군파 소목도--
"唐 出生祖, 集 遁村始祖 1世"
(당 출생조, 집 둔촌시조 1세)
광릉부원군파파보 소목도 1962.

③ 시조비 묘비문--
'始祖妃仁華李氏墓碑文'[74] (시조비인화이씨묘비문)

---

74) 1754년 정언 기덕(基德)이 찬하고 승지 광운(光運)이 글씨를 써서 세운 비석이 인멸되어 1975년 대종회에서 다시 세웠다. 원래의 음기(陰記)에는 '시소비(始祖妃)'란 말이 없고 '廣州李公諱唐之配'임.

대종회 개수(改竪), 채진 근서(謹書) 1975.

　④ 좌의정공파파보--
'唐始祖, 集1代' 본 종회 편, 1982.
(당시조, 집1대)

　⑤ 참판공(극기) 묘비명--
'廣州之李…自遁村先生諱集聿樹風節'
(광주지이…자둔촌선생휘집율수풍절)
문학박사 이가원 1984.

　⑥ 참판공(극기) 묘비문--
'唐鄕吏國子生員…鼻祖, 遁村先生諱集…寔爲一世祖'
(당향리국자생원…비조 둔촌선생휘집…식위일세조)
철학박사 안호상 1985.

　⑦ 통제사 도빈 묘비문--
'廣州人始祖諱集遁村先生'(광주인시조휘집둔촌선생)
방손 채진 찬 1990.

　⑧ 운곡서원 구기비문--
'廣州之世而李遁村先生集之後也'[75]

---
75)『광이세적』1권,「운곡서원」

(광주지세이이둔촌선생집지후야)

화산 권옥현 찬 1992. 6.

⑨ 경상우병사(헌) 묘비문--

'廣州人始祖號遁村'(광주인시조호둔촌)

조양 임병학 찬 1998.

⑩ 광천부원군파파보--'唐 生員, 集 1대' 1998.

⑪ 숭덕재 선생 세계(世系)약도(사진판)--

'始祖 唐, 元齡(集) 1世' 2006.

⑫ 광원군파파보--"李唐 始祖, 1代 集" 2013.

⑬ 문경공파파보--"李唐 始祖, 1代 集" 2015.

⑭ 광릉부원군파파보--"唐 生員, 集 1대" 2016.

⑮ 문숙공파보:광주이씨 상계소목도--

"始祖 唐, 集 1代" 2018.

⑯ 문숙공파파보--"唐 生員, 集 1世, 之剛 2世" 2018.

위【표10】⑪의 숭덕재세계약도, ⑫ ⑬의 파보, ⑮의 소목도에서 보듯 특히 2000년 이후의 문헌에 '李唐 始祖, 集 1代'가 많이 등장한다. 이는 선대의 각종 문헌과 상반된다.

⑪의 숭덕재 세계약도는 '시조 휘당' '둔촌 휘집 1세'로 하였다. 1세가 곧 시조이니 두 분을 시조로 표기한 것이다.

7. 관련 학술 논문 등

보학자들의 학술논문에는 광이 시조는 둔촌이다. 이는 학자들의 연구 문헌이 족보를 주로 하기 때문이다. 이들에게 비문 등의 문헌은 2차적이다.

아래【표11】①, ②, ③의 논문이 그렇다.

①에서 민병하는 광주이씨 시조를 둔촌이라 했다.

②에서 박홍갑은 광이의 실질적인 시조가 둔촌이라 명시하고, 그 부친 생원공이 소자출임을 분명히 하고 있으며, 이는 앞서 예로든 비문 석담 선생의 '遁村先生實爲始祖(둔촌선생실위시조)'와 상응한다.

③에서 당시의 대종회 총무유사(창순)은 족보상의 '1대 시조 둔촌'을 부정하고 망각한다면 패륜적이라고까지 단언했다. 그러나 논문 후반부에서 세와 대에 관련한 '시조론'에서는 명확한 답을 제시하지 못하는 한계를 보여준 것이 아쉬웠다. 세와 대에 인식이 잘못되었기 때문이었다.

아래【표11】⑤의 운곡서원 구기비문 "광주이씨는 둔촌선생의 후예이다"는 둔촌이 광이 모두의 조상이란 말인데, 이는 공동조상, 즉 시조란 말이다.

【표11】

① 민병하, 1987「둔촌 이집선생--
둔촌탄생 660주년 기념논문"광주이씨의 시조(始祖)이신 둔촌 이집 선생…"[76]

② 박홍갑,「조선 후기 창시보와 합동계보」『한국계보연구』2017.
"『동국여지승람』에는 11명의 광주이씨 인물들이 소개될 정도로 번성한 가문을 이어갔고, 그들이 모두 둔촌의 직계였다는 점에서 그 소자출(所自出)로 둔촌의 아버지를 삼았던 것은 당연해 보인다. … 이로써 둔촌 이집은 광주이씨 가문의 실질적인 시조(始祖)가 되었다."

③ 이창순, 1992「광주이씨 시조론 고」,『광이회보』4호.
결론에서 "우리 광주이씨 대종회 후손들의 시조(始祖)는 어디까지나 족보상의 1대이신 둔촌 선생이며, 생원공은 그 아버지라는 개념의 시조임을 망각하고 혼동해서는 안 된다…. 만약에 반론이 있다면 그는 패륜아적 사고라는 사실에 유념

[76) 『광이세석』I권.「부록」

하여야 할 것이다."

④『성남시지초(城南市誌抄)』「조선의 건국과 토착세력」 "광주이씨 세보상에는 관인층(官人層)으로 등장하는 이집을 그 시조(始祖) 1대로 모신다."

⑤「경기도 문화재지정 청원서」--"둔촌 이집 선생은 광주를 관향으로 하는 씨족의 시조(始祖)로서…."[77]
청원인, 대종회 도유사 이용식 1992년 7월.

또한 위 ④의『성남시지초』에서 광이 세보상의 시조를 '둔촌시조'로 기록하고 있다.

⑤ 대종회의 경기도 문화재 청원서에서 광이 도유사(용식)가 둔촌을 시조로 지칭하여 공식 청원하고 있음도 유의하자.

8. 세와 대에 대한 오해

광복 이후 '둔촌시조론' 보다 '생원공 시조론'이 우세했던 가장 큰 요인은 세(世)와 대(代)에 대한 오해에서 비롯된다.

---

77)『광이회보』 5호.「경기도 문화재지정 청원서」

세와 대는 동일하다는 것이 정설임에도 불구하고, 광복 후 거의 모든 종인들이 세는 대보다 하나 앞선다는 잘못된 주장을 받아들였기 때문이다. 이것이 '둔촌시조론'을 뒤흔든 가장 큰 요인이었다.

이 잘못된 설에 의하면 시조를 1세로 하여 차례대로 따져서 정하는 것이 세(世)이며, 시조를 뺀 나머지를 1대로 하여 차례대로 내려가는 것이 대(代)라는 것이다. 이에 따라 생원공은 1세이시니 시조이고, 둔촌 선생은 1세 아래인 1대이니 시조가 아니란 것이다,

이 때문에 세를 이어 면면히 내려오는 '둔촌 1대 시조'라는 선조의 유훈이 반영된 역대 족보까지도 부정하는 모순을 가져오고 있다. 이 결과 광복 이후, 특히 80년대 이후에 이뤄진 대부분의 지파 파보에 '시조 휘당' '둔촌 1대'로 되어있다는 것이 현실이다.

자기 자신이 계보(系譜) 속에 체계화되어있는 족보를 부정한다면 이것이야말로 자기 부정이 아니고 무엇이겠는가? 이것은 결국 자기도 모르게 난륜(亂倫)에 이르는 길이기도 하다.[78]

이와는 반대로 광복(1945) 이전의 역대 조상은 세와 대를 동일하게 써왔다. 역대 족보마다의 '둔촌 1대 시조' 표기에 따라 '둔촌=시조'이고, '시조=1세'이므로 '둔촌=시조=1세=1

---

[78] '난륜'은 변설13조에서 쓰인 말이다: '代數顚倒 則是亂倫'

대'라는 논법이 성립된다.

이에 더하여 족보는 물론이고, 광이 조상의 비문, 제문, 행장 등의 문헌조차도 대부분이 '둔촌시조'로 되어있다는 것은 놀라운 일이다.[79]

1) 세와 대에 대한 두 가지 학설

첫째, '1세=1대' '1대=시조'라는 동의론(同義論)이 있다. 이것이 정설이다.

둘째, '1세≠1대, 2세=1대, 1대≠시조, 1세=시조'라는 이의론(異義論)이다. 이것은 정설이 아니고 사설(私說)이다.

광복 후 몇몇 학자들이 '세와 대는 다르다'는 잘못된 이의론을 주장하여 문중의 둔촌시조론(始祖論)에 일대 혼란을 가져왔다. '2세=1대'라는 잘못된 주장에 의하면, 1世=0代, 2世=1代가 된다. 세(世)로 하면 생원공, 둔촌 선생, 청백리공이 3세동당(三世同堂)을 이루지만, 대(代)로 하면 생원공 0대, 둔촌 선생 1대, 청백리공 2대가 되어 2대동당(二代同堂)밖에 안 되는 모순에 빠지게 된다.

예로부터 조부, 부친, 손주 3대가 한집에 사는 것을 삼대동당(三代同堂) 또는 삼세동당(三世同堂)이라 하고, 조부, 부친에 이어 손주까지 3대가 운영하는 한의원을 '3대한의원' 또는 '3세한의원'이라 부르니 3대와 3세는 동일한 것이다.

---

[79] 조상의 비문 등에는 始(시), 鼻祖(비조), 初祖(초조), 元祖(원조), 皆祖(개조)로 되어있지만 모두가 '시조'와 같은 개념이다.

그러므로 '세=대'라는 동의론(同義論)이 올바른 학설이다.

아래의 실례를 보면 광이의 모든 조상들은 예외 없이 '1세=1대'라는 '동의론', 즉 '세=대'라는 정설을 따랐음을 알 수 있다.

2) 역대 조상의 '대=세'로 쓴 실례:

아래에 옛 조상들이 '1대=1세'라는 동의론에 따랐다는 구체적인 실례를 예시한다. ①~⑪은 광이 선조들이 '대=세'를 쓴 실례를 들어 이를 상세히 밝힌다. ⑫~⑭에서는 일반적인 실례를 든다:

① 역대 족보(5대보) 범례에 以遁爲始(이둔위시)·以遁村爲始祖(이둔촌위시조)의 대원칙 아래 둔촌을 一代로 정했다. 따라서 '시조=1대'라 이미 정했으니 '시조=1세=1대'라는 논법이 성립된다.

② 1570년 청도군수공(의경)이 찬한 생원공(휘당) 시조 묘비문의 중간 부분에는 '의경 '7세손'으로, 그 말미에는 "7대손 의경 입석'이라 했다. 같은 비문에서도 7세손, 7대손을 번갈아 같이 썼다.

이로서 청도군수공은 생원공의 7대손인 동시에 7세손이므로 대와 세, 대손과 세손이 같게 쓰였다는 것을 알 수 있다. 청도군수공은 생원공을 기준으로 8세(대)이고, 생원공의 7세손(대손)이다. 고로 '1대=1세, 1대손=1세손'이다.

③ 1669년 귀암공(원정)이 찬한 생원공 시조 묘갈문에 '공의 七세손 준경, 九세손 덕형' '탄수선생 연경은 공의 七세손'이라 했다. 실제로 준경, 연경은 생원공의 7대손이고, 덕형은 9대손이니 '대손'과 '세손'이 같게 쓰였음을 알 수 있다.

④ 공조참의공(홍남)이 쓴 세계(世系): '唐(8세조)-集(7세조)-之直-仁孫-克堪-世佑-滋-若氷(1세조)-洪男'으로 하고, 윗대 조상에 대해서는 '八世祖諱唐 夫人仁華李氏 七世祖諱集'으로 썼다.[80]
여기서 '八世祖휘당 七世祖휘집'을 '八代祖휘당 七代祖휘집'으로 바꾸어도 동일하다. 그러므로 '8세조=8대조, 7세조=7대조'라는 등식이 성립되니 '대=세'이다.

⑤ 우암 송시열이 1674년 참판공(영현) 묘갈문에 "遁村李先生…公其五世孫(둔촌 이 선생…공(영현)은 그의 5세손)"이라 썼는데, 실제로 영현은 둔촌의 5대손이므로 '대손과 세손' '대와 세'는 같이 쓰였음을 알 수 있다.

⑥ 퇴계 이황이 둔촌 선생의 5대손 수진의 묘갈명에 "五世

---

80) 李洪男, 『汲古遺稿』, 「世系」.

孫 守震 碣銘"이라 썼다. '5세손 수진(守震)'이 다름 아닌 '5대손 수진'이다.

⑦ 백사 이항복이 1613년 한음 장례 날에 쓴 '한음 묘지문'에 "세상에 큰 이름을 떨친 둔촌…그 3세에 이르러 휘 인손…"이라 했다. 휘 인손은 시조 둔촌을 기준으로 3세이자 3대이니 대와 세가 동일하게 쓰인 것이다.[81]

⑧ 2018년 『문숙공파파보』 「세계도(世系圖)」에 '集 一世' '之剛 二世'로 하여 代를 世로 썼다.

⑨ 1826년(병술) 『광주이씨세보』: '集 一世, 之直 二世, 長孫 三世'라 하여 대를 세로 바꾸어 썼다.

⑩ 1962년 광릉부원군파 「상계소목도」: '集 始祖 一世' '之直 二世'라 하여 역시 대를 세로 바꾸어 썼다.

⑪ 관찰사 이의익은 1869년 『한음문고부록』에 '九世孫 宜翼'이라 했는데, 공 또한 한음의 '九代孫'이다.

⑫ 자손이 현달하여 높은 벼슬을 받으면, 그 부친에게도

---

81) 『한음선생문고』, 「한음묘지명」 "有大名於世者曰集號遁村…三世至諱仁孫"

상응한 관직이 추증(追贈)되는데, 심지어 조부에 이어 증조까지 추증하는 경우 이를 '3대 추증' 또는 '3세 추증'이라고 하니 대와 세를 함께 쓴다는 것을 알 수 있다.

⑬ 태조 왕건이나 태조 이성계는 건국 시조로서 1대 왕이다. 만약 1대와 1세가 달라 '1세가 시조이고, 그의 아들이 1대라는 잘못된 이의론(異意論)을 따른다면 다음과 같은 오류에 빠지게 된다.

태조 이성계는 1대왕이 분명하므로 그의 아버지는 1세가 되어야 한다. 결국 태조의 아버지가 1세이므로 조선의 건국시조는 1대 태조 이성계가 아닌 그의 1세 아버지가 시조가 되어야 하는 오류에 빠지게 된다. 그러므로 건국시조인 태조 이성계가 '1대, 1세' 이어야 한다.

⑭ 세=대, 세손=대손 대≠대손, 세≠세손

나 (또는 시조)를 기준으로 나는 1대(세), 아들은 2대(세), 손주는 3대(세)이다. 그러나 대손(세손)은 다르다. 대손(세손)은 후손을 뜻하므로 나(또는 시조)를 빼고 아들은 1대손(세손), 손주는 2대손(2세손)이다. 마찬가지로 '대조(세조)'는 나를 뺀 위의 조상을 뜻하므로 나의 부친은 1대조, 조부 2대조, 증조 3대조, 고조 4대조이다. 흔히 '4대 봉사'란 말은 '4대조 봉사'의 준말이다.

위 ⑭에서 광이 시조인 둔촌 선생을 기준으로 하면 둔촌 1

대(세), 2대(세) 지직(之直), 3대(세) 인손(仁孫)이다. 대손(세손)으로 하면 휘 지직은 둔촌의 1대손(세손), 휘 인손은 둔촌의 2대손(세손)이다. 그러나 기준을 생원공으로 하면 휘 인손은 '생원공의 3대손(세손)'이다.

그러나 기준이 누구인지를 쓰지 않고 '광이 22대(세)'라고만 해도 당연히 22대 '종(鐘)'자 항렬임을 안다. 기준을 별도로 표시하지 않아도 당연히 시조(둔촌)가 기준이 되어 1대(세)가 되기 때문이다.

따라서 계보(소목도)의 최정점이 광이의 기준점이 되고, 최정점인 1대(세)가 시조의 자리임을 알 수 있다.

3) 이론적인 근거

여기서는 『피휘록(避諱錄)』에 근거한 「피세작대(避世作代)」를 이론적인 근거로 제시한다. 『피휘록(避諱錄)』의 「피세작대(避世作代)」는 청나라 선종 때인 1846년에 지경학재장판(知敬學齋藏板)에서 펴냈는데, 이 분야에서 가장 권위 있는 책으로 정평이 있다고 알려져 있다.

이에 따르면 당나라 황제 '이세민(李世民)'의 휘에 쓰인 '세(世)'자를 1세(世), 2세, 3세 등에 감히 쓸 수 없어 '세(世)'를 피해 1대(代), 2대, 3대로 바꾸어 쓴 것에 기인한다. 그러나 당나라 멸망 이후에는 '대'와 '세'를 구별치 않고 함께 쓰기 시작했으므로 1세 또는 1대, 2세 또는 2대로 자유로이 쓰게 되었다는 것이다.

우리 광이에서 피휘(避諱)를 적용한 실례는 아래와 같다.

① 숭덕재유고 발(跋)에서 "崇德齋文集(숭덕재문집)이라 하지 않고 崇德齋遺稿(숭덕재유고)로 한 것은 '시조 휘집(集)'의 '集' 자를 피하기 위함이다.(避始祖諱也)"라고 했다.[82]

② 1669년의 『한음문집』 서문에는 『漢陰先生文集(한음선생문집)』이라 했으나, 1869년 九세손(의익)이 간행한 문집에는 '集'을 피해 『漢陰先生文稿(한음선생문고)』라 했다.

③ 우리 광이는 상대 조상인 사인공 '장손(長孫)'의 휘를 피해 맞손주를 '장손'이라 부르지 않고, '주손(胄孫)'이라 부르는 것도 그 한 예이다.
이와 같이 광복 이전에는 세와 대가 같다는 동의론이 적용되었으나, 광복 후 세와 대는 다르다는 어느 학자의 잘못된 주장이 방송을 통해 널리 전파되어 수많은 혼란이 초래되었다 한다.
그것은 1960년대 유명했던 국문학자 한갑수 씨의 「바른말 고운말」이란 주제의 방송에 더해 『바른말 고운말』이란 책자까지 내면서 이 같은 잘못된 인식이 널리 퍼졌다는 것이다.[83]

---

82) 李潤慶, 『崇德齋遺稿』 권4 「跋」 "冊名曰崇德齋文集 而曰遺稿者 避始祖諱也"
83) 이성형 한국전통제례연구원장의 '한갑수 설'

이 같은 잘못된 주장이 우리 광이에 영향을 미친 결과 옛 조상이 합의해 결정한 '둔촌시조론'까지 부정하는 지경에 이른 것이니 안타까운 일이다.

앞서든 실례와 이론으로 고찰해 보건대 대와 세는 동일함에도 불구하고, 생원공이 1세 시조이고, 둔촌 선생은 1세 아래인 1대여서 시조가 아니라는 설은 근거 없음이 밝혀졌다.

9. 써서는 안 되는 '둔촌 중시조' 호칭

1) 상호 모순인 '생원공 시조'와 '둔촌 중시조' 호칭

'둔촌 중시조(遁村中始祖)'란 말은 역대 우리 조상의 족보나 비문 등 어떤 문헌에서도 찾아볼 수가 없다. 이것도 광복 이후부터 후손들이 오해하여 잘못 써온 또 하나의 예이다.

'중시조'의 사전적 의미는 '쇠퇴한 가문을 다시 일으킨 조상'을 말한다.[84] 이런 맥락에서 '중시조'는 '중흥조(中興祖)'와 같은 의미로 쓰인다.

'둔촌 선생 중시조'라면 시조는 어느 분인가? '생원공이 시조가 되신다. 가문을 일으킨 조상이 시조(起家始祖)'라 했으니 생원공은 분명 가문을 일으킨 분이어야 한다. 그러나 실제로는 가문을 일으킨 조상이라기보다는 둔촌시조의 연원이요 뿌리가 되시는 소자출이다.

---
84) 『표준국어대사전』, 국립국어원 편.

그럼에도 불구하고 '둔촌 중시조'라 하면 부친이신 생원공이 쇠퇴(衰頹)시킨 가문을 그 아들인 둔촌이 중흥시킨 격이 되니 이는 조상에 대한 망발이 된다.

시조가 되는 첫째 조건이 기가(起家)인데, 생원공이 가문을 쇠퇴시킨 조상이라 하면 앞뒤가 맞지 않는다. 이에 더하여 부친이 시조가 되고 그 아들이 중시조가 되는 이른바 '부자간의 시조·중시조'의 예는 우리나라 어느 가문에서도 찾아볼 수 없는 사례이다.

2) '둔촌 중시조'의 출처

'경기도 사초(史抄)'에 "광주이씨 시조는 신라 때 내사령 이자성이고, 중흥조(중시조)는 고려 말 학자 이집이다"라고 쓰여 있다.[85]

이에 따르면 신라 내물왕 때 가문을 일으킨 '이자성'이 시조이고, 그 후 몰락했던 가문을 중흥시킨 둔촌 선생이 중흥조. 곧 중시조가 된다.

이것은 '광이 시조 이자성'이라는 광이의 속설을 '경기도 사초'에 별다른 고증 없이 반영한 결과에서이다. 그러나 역대 족보에서는 이것이 언전잡기(諺傳雜記)에서 나온 것으로 하나의 허구로 치부된다.

더구나 판서공의 『변설13조』에서는 이것이 조상에게 죄를 짓는 행위라고까지 명시하고 있다:

---

85) 『광이세적』 1권, 「부록」

-타인의 언전잡기를 빙자하여 비조(鼻祖·시조)라 칭하여,
只憑他人之諺傳雜記 謂爲鼻祖

-이를 보첩의 맨 첫머리에 수록하니, 조상에게는 죄를 짓는 일이요, 而開錄譜牒之首 上以得罪

-후세에게는 조롱거리가 되니, 下以取笑…

-이 어찌 둔촌 제 후손들이 막아야 되지 않겠는가.
　則此遁村諸孫所可禁

제 III 편

둔촌, 문벌의 벽을 뛰어넘어

1. 둔촌시조, 생원공 소자출의 당위성

『갑진보』(1724) 범례에, 경술보 범례에서 "둔촌을 시조로 삼고, 생원공을 둔촌의 소자출(所自出)로 정한 것은 동고 선생의 구서(광릉세보)에 온전히 활자화되어 있으므로 이번에도 이를 지킨다."고 했다. [86]

이를 바꾸어 말하면 생원공은 시조가 나온 근원이요 연원이요 뿌리란 의미의 '소자출'이다.

이것은 "가문을 일으킨 분이 시조이고, 그 부친이 소자출(起家始祖 其父所自出)이라는 보법(譜法)"에 의한 것이었다. 그러나 앞서의 예에서 보았듯 일부 묘비문 등에는 '생원공 시조'로 되어있다. 이는 앞서 언급한 실위시조(實爲始祖)가 아닌 예우 차원이었음이 문헌기록으로 밝혀진 바 있다.

이 같은 예우 차원에서의 '생원공 시조'라면 잘못된 일은 아니다. 그러나 '둔촌시조' 자체를 부정한다는 것은 가문을 일으켜 세운 둔촌 선조의 위업을 부정하는 것일뿐더러 역대 조상의 뜻에 거스르는 난륜(亂倫)에 이르는 길이다.

후생고각(後生高角): 뒤에 난 뿔이 더욱 우뚝하듯 후손이 더 잘되기를 바라는 것이 인지상정이다. 생원공(휘당) 또한 그러하실 것이다.

---

86) 갑진보(1724) 범례, 庚戌譜以遁爲始祖 以生員公爲遁村之所自出者 全述東皐舊書印譜 故今亦一遵書

1) 기가(起家)에 이른 둔촌의 위업

광이 문중이 둔촌 선생을 시조로 모신 것은 다름 아닌 기가시조(起家始祖)에 따른 것이었다. 기가에 이르게 한 둔촌 선생의 위업은 말로 다 설명할 수 없다. 둔촌 선생은 고려 말 최초의 성리학자로 추앙받던 안향(安珦)의 문하에서 수학하여 충목왕 3년 진사시, 공민왕 4년에 병과급제한 후 당대 최고의 학자들과 교유하고, 정3품 당상관인 판전교시사에 이른 것은 당시 부친이 주리(州吏) 신분이었던 둔촌으로서는 거의 불가능한 일이었다.[87]

이는 문장과 절의로 고려 말에 이름을 크게 떨친 둔촌 선생의 위업과 광이의 연원이요 원천이신 생원공의 부지런하고 엄격한 덕행의 실천이 바탕이 되어 가능한 일이었다.[88]

둔촌 선생에 대한 세인의 찬사는 "문장과 절의로 고려 말에 이름을 크게 떨쳤다"로 귀결된다. 어두운 구름 속의 한줄기 빛이 세상에 찬연히 드리운 것은 무엇보다도 세상에 우뚝 선 둔촌의 문장력(文章力)이었다고 본다.

(1) 선생의 문장력

적암 조신은 그의 『소문쇄록』에서 세상에 뛰어난 신시(新詩)를 세어 내려가면서 선생의 시를 극찬하였다.

---

87) 『광이세적』 제1권, 「동사찬요」, "李集廣州吏唐之子也昆弟五人俱登文科"
88) 『여지승람』, 「辨誤條」 "高麗李唐 以廣州吏 勤勅有賢行"

-"온화하고 인정이 두텁기로는 둔촌의 다음 시:
향을 피우며 세상의 안녕을 빌고(焚香祈道恭),
밥을 대하면 해마다의 풍년을 비노라(對食願年豊)와

기러기 소리에 해는 지고 강촌은 저문데(雁聲落日江村晚)
한가히 시를 읊으며 홀로 누각에 기대노라(閑詠新詩獨倚樓)이고,

-슬픔에 괴로워 하기로는 둔촌의 다음 시:
늦게야 강에 나와 보니 풍파는 사나운데(晚來江上風波惡),
어느 곳 깊은 물굽이에 낚싯배를 맬거나(何處深灣繫釣舟)이고,

-호장하기로는 둔촌의 다음 시:
배에 가득히 가을 달 밝기를 기다려(待得滿船秋月白),
즐거이 긴 피리 불며 강가의 누각을 지나노라(好吹長笛過江樓)이고,

-한적하기로는 둔촌의 다음 시:
어찌하면 이웃 두 늙은이 함께 하여(安得卜隣成二老)
살구꽃 봄비 속에 나란히 밭 갈아 볼까(杏花春雨耦而耕)이고,

-꾸밈없이 담박하기로는 둔촌의 다음 시:
파리한 말은 저녁 해에 울부짖고(瘦馬鳴西日)
가냘픈 아이는 삭풍을 등졌구나(羸童背朔風)

등을 들 수 있다"라고 하여 당시 선생을 신시(新詩) 영역에서의 우리나라 최고의 문인으로 꼽았다.[89]

(2) 선생의 풍모

조선 초기의 문신으로 유명한 하륜은 "선생의 용모는 장중하고, 강의(剛毅)해 보였으며, 기품은 꽉 짜이면서 준수하였고, 음성은 옥이 구르는 듯 명확하고 유창하여 나는 내심 몹시 기이한 느낌이 들 정도였다."라 했다. 이를 보건대 선생의 비범함이 남달랐으니 광이 가문에 없던 새로이 뜬 한줄기 빛이 되고도 남음이 있었을 것이다.[90]

(3) 충의와 효우(孝友)

『용재총화』로 유명한 성현(成俔)이 "둔촌 선생께서는 효와 우애의 행실은 집안에서 나타났고, 충의와 절개는 나라에 다했으며, 학문과 재기는 조정에서 드러났으니, 일시의

---

89) 李集,『遁村雜詠』, 보편. 조신,『소문쇄록』. 조신(曺伸)은 1526년 전한공(수공)의 비문 '廣州人遠祖遁村'을 찬한 바 있다. "李出廣州 爲望族 至麗季當恭愍朝 有以抗直聞 辛旽將殺之 負父逃隱 有大名於世者曰集 號遁村"
90) 李集,『遁村先生雜詠』,「호정 하륜의 서문」1410년 7월 "其貌莊而毅 其氣充然而秀 其語琅然而確而暢 予心奇之"

호걸 포은, 목은 도은 제현들 모두가 서로 존중하였다. 요즘 문벌이 성하기로는 광주이씨가 최고이고, 그 다음은 우리 성씨만 한 곳도 없다. 광이는 둔촌으로부터 점차 크게 되었다"라 했다.[91]

오성 이항복은 한음 묘지문에서 "이씨는 광주에서 나온 명망이 높은 가문인데, 고려 말 공민왕조에 이르러 뜻을 굽히지 않고 절의를 지키는 것으로 평판이 높았다. 신돈이 죽이려고 하자 아버지를 업고 도망해 숨어 세상에 큰 이름을 떨친 분이 있었으니 그분이 바로 휘 집, 호 둔촌이시다."라 하여 둔촌의 효행과 절의를 높이 샀다.[92]

『병진보』 서문에서도 동방의 씨족 가운데 우리 광주이씨를 동방 갑족의 반열에 놓으신 분이 바로 둔촌 선생이란 것을 분명히 했다:

"아! 우리 둔촌 선생께서 덕행, 지조, 절개로서 그 복을 후세에 내리시니 벼슬로 이름난 분들과 훌륭한 선비가 대를 이어 많이 나오고, 위대한 공신과 장한 열사들이 역사에 빛나니 동방의 씨족 중에서 우리를 가리켜 갑이냐 을이냐 하는 것은 그럴만한 연유가 있다."[93]

퇴계 이황은 광안군(연경) 묘비명에서 "그 시조는 휘 집이시니 고려 말에 과거에 급제하였는데, 지조와 절개가 있어

---

91) 成俔, 『慵齋叢話』 권 2, "遁村先生孝友之行著於家 忠義之節盡於國 學問才器現於祖 一時豪俊圃牧陶諸賢皆相敬重焉 當今門閥之盛 廣州 李氏爲最 其次莫如我成氏 廣李自遁村以後漸大"
92) 李德馨, 『漢陰文稿』, 「漢陰墓誌文」
93) 『병진보』 「서문」

신돈의 미움을 받아 영남으로 난을 피해 숨어 있다가 신돈이 죽은 후에 세상에 나와 판전교시사의 벼슬을 하셨다."라 썼다.[94]

적암 조신의 "문장과 절개가 은연중 뛰어난 바 있었는데 비록 그 덕에 비해 지위는 만족스럽지 못했지만, 복덕을 후세에 끼쳐 아름다움을 이루게 하시었도다"를 보면 후세의 우리가 그 많은 복덕을 누리게 되었음이 둔촌 선생의 가없는 위업이었음을 절감한다.[95]

그래서 "시조란 처음으로 문중의 기초를 세운 조상을 말한다. 광이는 둔촌공으로 부터 처음으로 현달하였으므로 시조로 삼는다"한 것은 그만한 타당성이 충분하다고 본다.[96]

2) 시조와 실위시조(實爲始祖)·식위시조(寔爲始祖)

청도군수(의경)와 귀암(원정)이 쓴 아래 【표12】①, ②의 생원공 비문에는 '실위시조' 등의 꾸밈이 없이 '광이 시조'로만 표기되어있고, 석담 선생이 쓴 ③의 승사랑 비문에도 역시 '광주인 시조 휘 당'이라고만 쓰여 있다.

---

94) 其始祖曰集 麗末登第 有志節 爲辛旽所讎疾 逃難嶺海 旽誅乃出 官判典校寺事
95) 조신, 『소문쇄록』 "遁村先生文章節義 隱然有樹 位不滿德 委祉于後 世濟其美" 그 후 퇴계 선생이 155년 현감공(수진)의 비문에 "其文章節槩 隱然有樹 而位不滿德 委祉于後 世濟其美"라 다시 썼다.
96) 『병진보』「서문」, 예조참판 복암(基讓): 始祖者特謂始基之祖 非謂生民之始也… 遁村公爲始祖蓋以始顯自遁村也

【표12】

① 생원공 휘당 시조비문--

'公姓李諱唐廣陵李氏之始祖也'

(공성이휘당광릉이씨지시조야)

청도군수 의경(宜慶) 1570

② 생원공(휘당) 시조비문--

'廣李爲最公其始祖也'(광이위최공기시조야)

한성부우윤 원정 찬 1669

③ 승사랑 지(摯) 묘비문--

'廣州人始祖諱唐'(광주인시조휘당)

석담 윤우(潤雨) 찬 1633~

 그러나 아래【표13】① 장령(영부)공 묘지명에는 '호둔촌 시위비조(號遁村是爲鼻祖)'라 했다. 이는 '호 둔촌, 이분이 바로 비조(시조)이시다'란 뜻이다. 여기서 다른 분이 아닌 '이분이 바로 ~이시다'라는 강조 어법을 써서 둔촌시조를 강조하여 쓴 것이다.

 ②, ⑤에서 석담과 묵헌은 '둔촌선생실위시조' '둔촌선생 휘집실위시조'라 썼는데, 여기서 실(實)은 '실로' '이~' '실제로' '참으로'의 뜻이 있음에 의미를 둔다.

 ③에서 낙촌은 석담 가장(家狀)에서 '둔촌선생식위시조'

라 하고, ④의 예조정랑(휴징) 역시 둔촌시조비문에서 '둔촌선생식위시조'라 하고, ⑥의 교수공(천추) 비문에도 '둔촌선생휘집식위시조'로 쓰였다.

여기서 '식(寔)'은 '참으로' 진실로'의 뜻일 뿐더러 '둔촌선생 이분이 바로 시조이시다'로서 강조 어법을 썼다는 점에 주목해야할 것이다.

【표13】

① 사헌부 장령 영부(英符) 묘지명--
'號遁村是爲鼻祖' (호둔촌시위비조)
호음 정사룡 찬 (서거 20년 후) 1543.

② 처사공 준경(遵慶) 묘비문--
'遁村先生實爲始祖' (둔촌선생실위시조)
석담 윤우(潤雨) 찬 1633.

③ 석담(潤雨) 가장(家狀)--
'遁村先生寔爲始祖' (둔촌선생식위시조)
낙촌 도장 (道長) 찬 1634 10월.

④ 둔촌 휘집 시조비문--
'惟我遁村先生寔爲始祖' (유아둔촌선생식위시조)
예조정랑 휴징 찬 1652.

⑤ 감호당 도장(道章) 행장--
'遁村先生諱集實爲始祖'(둔촌선생휘집실위시조)
묵헌 만운 찬 1780~.

⑥ 교수공(天樞) 묘비문--
'遁村先生諱集寔爲始祖'(둔촌선생휘집 식위시조)
6세손 통정대부 지중추 대시 찬 1792.

위에서 오직 둔촌 선생에게만 '실위시조(實爲始祖)' '식위시조(寔爲始祖)'란 호칭을, 그것도 광이 최초의 족보가 제작되기 80여 년 전부터 쓰기 시작했다는 점에서 둔촌 선생을 실질적인 시조로 받들어 모시자는 광이 문중의 합의가 있었음이 분명하다.

전 국사편찬위원 박홍갑은 "동국여지승람에는 11명의 광주이씨 인물이 소개될 정도로 번성한 가문을 이어갔고, 그들이 모두 둔촌과 그 직계였다는 점에서 그 소자출(所自出)로 둔촌의 아버지를 삼았던 것은 당연해 보인다. …이로서 둔촌 이집은 광주이씨 가문의 실질적인 시조가 되었다."라 하여 앞의 '둔촌실위시조'를 뒷받침해 주고 있다.[97]

---

97) 박홍갑, 2017, 「조선후기 광주이씨 창시보와 합동계보」『한국계보연구』한국계보연구회.

2. 일근 오수(一根五樹), 일연 오룡(一淵五龍)

앞에서 역대 조상이 남겨준 족보, 비문, 행장, 제문 등의 문헌 고증을 통해 '둔촌시조' '생원공 소자출'임을 확인한바 있다. 소자출(所自出)의 사전적 의미는 '어떤 사물이 나온 근본이요 원천'이다. 소자출은 연원(淵源)을 말한다. 연원은 사물의 근본이요, 본원이다.

『신동국여지승람』 광주편에 "이당(李唐)은 본주의 아전인데 어진 행실이 있었고, 다섯 아들이 모두 과거에 급제하였다"란 것만 보아도 생원공이 광이의 연원이요 뿌리인 소자출임이 분명하다.[98]

---

98) 『신동국여지승람』 권6, 경기 광주목 변오(辨誤) 고려 "이집(李集) : 이당(李唐)은 본주의 아전이다. 조심하여 어진 행실이 있었다. 다섯 아들이 모두 과거에 급제하였는데 이집은 그 셋째 아들로, 처음 이름은 원령(元齡)이다. 고려 충목왕(忠穆王) 때 과거에 급제하여 문장과 지조로 세상에 이름이 있었다. 이색·정몽주·이숭인 등과 서로 더불어 공경하는 벗으로 삼았다. 일찍이 바른 것으로서 항거하다가 적승(賊僧) 신돈에게 거슬리매, 신돈이 장차 잡아 죽이려 하므로 가만히 그 아버지 당(唐)을 업고, 낮에는 숨고 밤에는 걸어 영천(永川)의 최윤도(崔允道) 집에 몸을 의탁하였다. 신돈이 죽음을 받으매 비로소 돌아와 이름을 고쳐 집(集)이라 하고 자를 호연(浩然)이라 하고 호를 둔촌(遁村)이라 하였다. 이로부터 출세할 뜻이 없었다. 봉순대부 판전교시사(奉順大夫判典校寺事)가 되었으나 얼마 아니하여 물러가 여주의 천녕현(川寧縣)에 살며 몸소 밭 갈고 글을 읽었다. 때로는 시편(詩篇)과 새 곡식을 정몽주 등에게 선사하니 몽주가 글을 부쳐 감탄하였다. 공양왕 정묘년에 죽으니 몽주·숭인 등이 글을 지어 애도(哀悼)하였다. 그 뒤 여러 어진 이들이 서로 이어 죽자, 고려가 망하고 아조(我朝)에서 개국하였다. 그의 사적의 전말이 여러 문집에 갖추어 실려 있었으나, 역사를 편찬함에 미치어 임사홍(任士洪) 부자가 매우 이극감(李克堪) 형제를 질투하여, 이에 거짓으로 이집이 이조에 들어와 벼슬한 것으로 하여 마침내 본조 인물 밑에 그릇 기록하기에 이르렀다. 이어서 시림(詩林)을 주석한 자 또한 그 그릇된 기록을 따랐디. 선종(宣宗 : 宣祖)조에 경연관(經筵官) 혹적(洪迪)이

이같이 광이의 근본이요 연원인 소자출에서 현달하신 오룡(五龍)이 탄생하여 각기의 가문을 일으켜 세워 시조로 모셔졌으니 현달하신 다섯 분이 바로 인령(仁齡), 둔촌(元齡), 희령(希齡), 십운과공(自齡), 천령(天齡)이시다. 五형제분 모두가 과거에 급제하시었으니 하나의 못(淵)에서 다섯용이, 하나의 뿌리에서 다섯 그루의 거목(巨木)이 탄생한 것이다.

이것이 바로 일근 오수(一根五樹)요 일연 오룡(一淵五龍)이 아니고 무엇이겠는가?

3. 밝혀 바로 잡고자!

광이 역대 조상은 윗대 조상을 미화시키기 위해 행적을 꾸미거나, 가문의 위상을 높이기 위한 목적으로 있지도 않은 문중 역사를 아무런 근거도 없이 소급하여 가공의 인물을 시조로 세우려 하지 않고, 문헌에 나와 있는 사실대로 기록해왔다.

『경술보』(1610) 범례에 둔촌 이전은 언전잡기에서 나온

고치기를 청하니 선종이 인출(印出)할 때를 기다리라 명하였다. 금상 3년(1611)에 비로소 이 책을 간행하여 세상에 공포하였다. 8대손 영의정 이덕형(李德馨)이 상서하여 유교(遺敎)를 따라 바로 할 것을 청하니 금상(광해군)이 유신(儒臣)에게 명하여 다시 편찬하도록 하였다. 거짓을 고쳐 실지로 삼으니 출처(出處)의 큰 대절(大節)이 명백하여져 유감없이 되었다."

것으로 고증할 수 없으므로 제외하는 것이 마땅하다면서 "후세에 이를 밝혀 바로잡을 증거물이 나오기를 기다리노라 (以徒後世有明知而正之者)"라고 분명히 밝혀 두었다. 여기서 증거물은 지석(誌石) 등의 금석문을 말한다.[99]

이렇게 바로 잡으려는 노력은 비단 우리 문중만이 아니다. 정조 때의 학자 다산 정약용(1762~1836)은 나주정씨의 시조가 당나라 때 유배 온 정덕성이라는 설이 당시에는 지배적이었지만, '사보변(私譜辨)'을 써서 이것이 날조임을 고증을 통해 밝혀낸 후 그의 시조는 당나라 때가 아닌 고려 중기의 인물 정윤종임을 밝혀냈다.[100]

우리나라 최초의 족보가 성종 7년(1476)에 나왔고, 나주정씨의 가장 오래된 가첩(家牒)이 중종 때인 1520년이라는 점을 감안하더라도 고려 초기를 넘어서는 종중 역사는 신빙성이 없다는 것이 학계의 정설이다.[101]

이 때문에 판서공(하원)은 창시보인 경술보 범례에 정해진 세계(世系)만을 인정하고, 당시에 떠도는 고려 이전의 세

---

99) 변설13조 번역판 "글의 출처에 대해 밝은 사람이 그것을 바로잡기를 기다리겠노라"는 잘못된 해석이라 생각된다. 여기서 '者'는 사람으로 보기보다는 '~것' 즉, 금석문과 같은 '사물(卽物之辭)'을 뜻하기 때문이다.
100) '사보변'이란 말은 정사가 아닌 야사를 통해 만든 사적(私的)으로 이뤄진 족보의 허구성을 밝힌다(辨)라는 뜻이다. '밝힐 辨'은 판서공(夏源)의 '설을 밝힘(辨說)'에 해당한다.
101) 권위 있는 보학자(譜學者)들에 의하며 왕실을 제외하고, 사가성(私家姓)의 시조는 아무리 멀리 잡더라도 고려 초기를 넘을 수 없다는 것이다. 그 때문에 그 이상의 시조론에 대해서는 거의가 다 날조된 것으로 본다.

계를 기록한 소목도가 신빙성이 전혀 없음을 13개 항목에 걸쳐 낱낱이 밝혀주는 '변설13조'를 써서 후세들로 하여금 이를 엄격히 지킬 것을 다음과 같이 당부하였다:

-조상의 대수(代數)가 뒤바뀌니, 이것이 바로 난륜(亂倫)이요. 代數顚倒 則是亂倫

-타인의 언전잡기를 빙자하여 비조(鼻祖: 遠始祖)라 칭하여, 只憑他人之諺傳雜記 謂爲鼻祖

-이를 보첩의 맨 첫머리에 수록하니, 조상에게는 죄를 짓는 일이요, 而開錄譜牒之首 上以得罪

-후세에게는 조롱거리가 되니…, 下以取笑…

-이 어찌 둔촌 제 후손들이 막아야 되지 않겠는가. 則此遁村諸孫所可禁

-그리고 어찌해서 구보(舊譜·광릉세보)에도 없는 별보(別譜)를 굳이 보존하여서 而必存其舊書印譜中 所未有之別譜

-골수에 사무치는 원한을 스스로 취하려 하는가. 以自取痛入骨髓之怨耶

-이미 둔촌을 시조로 삼았으니, 비록 백세(百世)가 지나더라도 바꿀 수 없는 사실이로다. 而已至於而遁村爲始祖 雖百世 不可易也

　여기에 덧붙여 "더구나 밝혀줄 문헌이 나오기도 전에 억지로 다른 계파와 합보를 강행해서 둔촌을 버리고 시조를 바꾼다면, 이 어찌 이치에 부합하는 것이 되겠는가?"라 했다.

　변설13조가 실리기 시작한 갑진보(1726) 이후의 병진, 계유, 기미보의 범례에 "판서공의 변설13조는 고증이 정확하여 여기에 전문을 수록한다. 이것은 백세(百世)가 가도록 바꿀 수 없는 규칙이다(百世不易之範也)"라 하여 이것이 후손들이 지켜야 할 덕목임을 명시하였다.

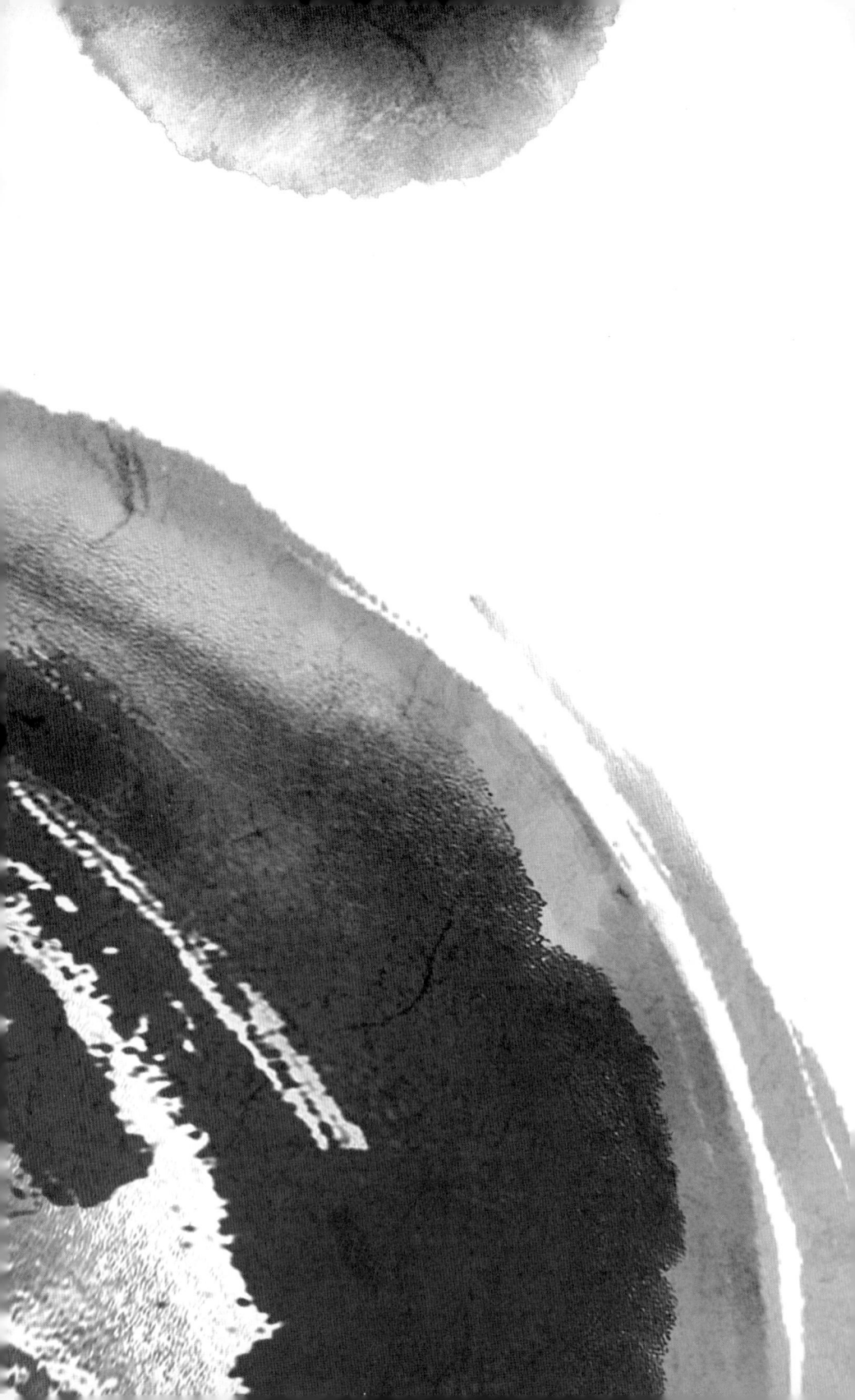

제 IV 편
요약 및 결론

1. 요약

광이 오대보(五大譜)에 '1대 둔촌시조'로 명시되어있고, 1대 시조를 최정점으로 구성원 하나하나가 짜임새 있게 체계화 되어 있다. 그럼에도 이를 부정한다는 것은 바로 자기부정이요 모순이다.

때문에 본인은 이렇게 된 과정과 그에 대한 까닭을 밝히고, 나아가 이를 바로 잡기 위한 객관적 문헌 고증을 통해 광이 시조는 둔촌임이 분명하다는 사실을 밝혔다. 이를 통해 광이의 정체성을 바로 하려는 것이다.

이를 위해 제I편에서는 오대보(五大譜)를 중심으로 한 문헌고증을 통해 '둔촌시조'임을 확인하고, 2편에서는 비문, 행장, 제문 등을 통한 '둔촌시조론'의 당위성을 예시할 뿐더러 그간의 시조론에 일대 혼선을 주었던 대와 세에 대한 정의를 명백히 하고, 3편에서는 문벌의 벽을 뛰어넘은 둔촌 선생의 위업을 열거하고, 그런 위업으로 광이 가문을 일으켜 세운 기가시조(起家始祖)의 당위성을 밝혔다.

또한 I편에서 언급된 족보는 한, 두 사람이 편찬한 것이 아닌 경향 각지에 산재해 있는 문중들이 합의해 만든 합작품임을 밝혔다. 따라서 족보는 문중 합의에 의한 산물이어서 그만큼 헤아릴 수 없는 가치와 의미가 있음도 열거하였다.

문헌 고증 차원에서의 우선순위는 첫째가 족보이고, 비문이나 행적 등은 부차적인 것이므로 족보가 차지하는 위치가 그만큼 높고 큰 것이다.

또한 제II편에서 광이 족보가 편찬된 시기와 묘비문 등이 세워진 연대를 비교해보니 1526년 전한공(守恭)의 묘비문에 보이는 '廣州人遠祖遁村'이 동성보(1550)의 '以遁村爲始祖'보다 24년 앞섰고, 창시보인 경술보 (1610)의 '以遁爲始'보다 무려 85년이나 앞섰다는 사실을 밝히었다.

족보의 출현 이전인 1526년부터 오늘까지 둔촌 선생이 광이 시조란 사실을 알려주는 비문, 행장, 논문 등 수많은 문헌이 연이어 나왔다. 이 가운데 칠곡 석전 문중 선현들이 전해주는 문헌이 무려 40여 건이 넘었다. 이는 광이 전체 관련 문헌가운데 절반이 넘으니 놀라운 일이다.

또한 광복 후 세와 대는 다르다는 잘못된 이론에 따라 '둔촌시조론'이 흔들려온 사례를 들고, 이것이 잘못된 사실임을 이론적 배경을 바탕으로 실례와 고증을 통해 밝혀냈다.

또한 예로부터 내려오는 시조 세우기 원칙은 최초로 태어난 조상이 아닌 가문을 일으켜 세운 첫 조상임을 밝혀 일반인들의 기존 시조에 대한 개념과는 다르다는 사실도 밝히었다. 흔히들 시조는 문중의 첫 조상이라는 잘못된 인식 때문에 '둔촌시조론'이 흔들리는 사례가 있었기 때문이다.

둔촌 선생은 고려 말 효의(孝義)와 문장지절(文章志節)이 우뚝하여, 그 큰 위업이 기가시조(起家始祖)에 이른 것이다. 이와 관련하여 '둔촌 중시조'란 말을 함부로 쓴다면 오히려 둔촌 선생은 물론 생원공께도 망발이 됨을 밝히었다.

역대 조상의 비문 내용에서 둔촌 선생 비문에는 '遁村先生 實(寔)爲始祖'로 쓰인 경우가 상당수인 반면, 생원공의 경우에는 '實(寔)爲始祖'라 명시된 비문은 볼 수 없었다. 이에 더하여 생원공이 시조임을 나타내주는 문헌들은 극소수에 불과하였다.

이로서 광이 옛 조상들의 광이 시조에 대한 견해는 둔촌 선생은 실 시조로, 생원공은 예우 차원에서의 시조이었음이 드러났다.

그러나 세상의 모든 사물에는 그것이 출현한 원천, 연원, 뿌리가 있게 마련이어서 광이 시조의 원천이요 연원이요 뿌리가 곧 생원공 소자출이시다.

2. 결론

둔촌 선생이 광이 시조임은 역대 족보를 통해서나 비문, 행장 등의 문헌을 통해서도 명백하다. 광이 시조의 원천이요 연원이요 뿌리인 생원공이 곧 소자출이시다. 하남 인화 이씨 할머니의 묘지(墓誌)에도 인화이씨는 둔촌시조의 소자출이라 되어있다.

'둔촌 중시조'란 말을 함부로 쓰게 되면 오히려 조상에게 망발이 되니 써서는 안 될 일이다.

역대 조상이 작성한 시조와 관련된 80여 건의 문헌가운데

3~4건을 제외하고는 '둔촌시조'로 되어있고, 극히 일부만이 '생원공 시조'로 쓰인 것이 확인되었다. 이 위에 둔촌 선생에게만 '실위시조'와 같은 호칭을 붙이는 것이었다.

여기서 알 수 있는 것은 둔촌 선생은 실 시조, 생원공은 예우차원에서의 시조로 불러드렸다는 사실이다. 하나의 문중에 두 시조가 있는 경우는 없다.

그러나 문헌 고증 차원에서의 우선순위는 무엇보다도 족보가 으뜸이요, 비문이나 행적 등은 그 다음이다.

따라서 광이 선현들이 역대 족보의 범례에서 힘주어 명시한 아래의 말씀이 최종 결론이다:

"둔촌을 시조로 하고, 생원공을 소자출로 정한 것은
우리 문중이 백세토록 바꿀 수 없는 규범이다."
以遁村爲始祖 以生員公爲遁村之所自出者
此固吾宗 百世不易之範也

〔참고문헌〕

『광이세적』 제1권
『광이회보』
『광주이씨보학총서』
『광주이씨보학총서 부록』
『신동국여지승람』
『세조실록』
李集,『遁村雜詠』
李集,『遁村先生雜詠』
盧守愼,『소齋集』
成俔,『慵齋叢話』
宋履錫,『南村文集』
柳致明,『定齋集』
李洪男,『汲古遺稿』
李潤慶,『崇德齋遺稿』
李浚慶,『東皐遺稿』
李德馨,『漢陰先生文稿』
李廷立,『溪隱遺稿』
李潤雨,『石潭集』
李道長,『洛村集』
李元禎,『歸巖集』
李聃命,『靜齋集』
李萬運,『默軒集』
李滉,『退溪集』
鄭士龍,『湖陰雜稿』

민병하, 1987「둔촌 이집선생-둔촌탄생 660주년 기념논문」
『광이세적』1권(광주이씨대종회)
박홍갑, 2017「조선후기 창시보와 합동계보」『한국계보연구』
(한국계보연구회) 이창순, 1992
「광주이씨 시조론 고」『광이회보』4호

부록1

(*先=始 *〜自(始)=〜로부터 *寔=진실로 식(寔) *시조=鼻祖=皆祖=初祖=遠祖=元祖)

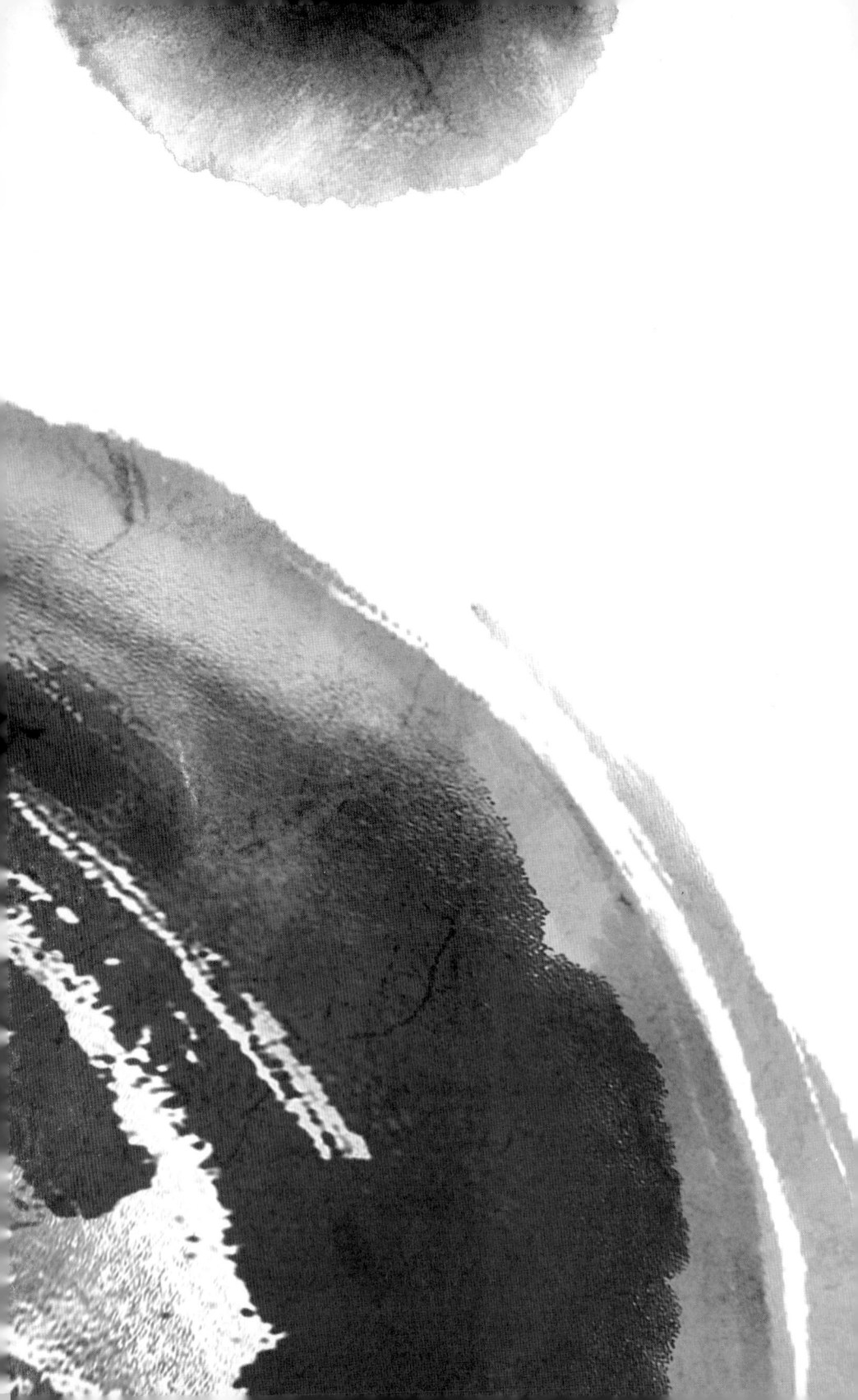

* 연대순으로 본 광이 시조 표기

 1. 청백리공 지직(之直) 행장--

'遁村先生之長子…生員公諱唐…是遁村之 大人'
호당학사 남수문 찬 1442

 2. 광릉부원군 극배(克培) 행장--

'廣州李曾祖諱集…' 대제학 홍귀달 1492

 3. 관찰사공 세우(世佑) 묘비--

'廣李氏自集而顯…遁村名麗 乃浚其源' 눌재 박상 찬 1517

 4. 전한공 수공(守恭) 묘비문--

'廣州人遠祖遁村' 사역원정 조신 찬 1526(중종21)

 5. 사헌부지평공 영부(英符) 묘지명--

'遁村寔爲鼻祖' 호음 정사룡 찬 (公卒 20년 후) 1543

 6. 동성보 범례--

'本譜旣以遁村爲始祖'
명종 5년 1550 경술 활자 인출(印出)
광해 4년 1612 의성현 간판(刊板)

7. 2대손 현감공 수진(守震) 묘비문--
'始祖遁村公諱集' 대제학 이황 찬 1554

8. 광안군 연경(延慶) 묘비문--
'廣州人也其始祖曰諱集' 대제학 이황 찬 1554

9 생원공 휘당 시조비문--
'公姓諱唐廣陵李氏之始祖也'
청도군수 7대손 의경(宜慶) 1570

10. 숭덕재공 윤경(潤慶) 묘비문--
'廣之李 自遁村始大'(동고) 준경 찬 1562

11. 숭덕재공 윤경(潤慶) 묘비문--
'廣李上世 有諱集 判典校寺事' 좌의정 노수신 찬 1578

12. 동고상공 준경(浚慶) 묘비문--
'其始 麗代聞人 有諱集' 좌의정 노수신 찬 1578

13. 경술보 범례--'以遁爲始' 1610

14. 승사랑 지(摯) 묘비문--
'廣州人始祖諱唐' 현손 석담 윤우(潤雨) 찬

15. 진사공 덕부(德符) 묘지명
'廣李起於麗末…有諱集判典敎寺事'
석담 윤우(潤雨) 찬 1633년 8월

16. 처사공 준경(遵慶) 묘비문
'遁村先生實爲始祖(둔촌선생실위시조)'
석담 윤우(潤雨) 찬 1633

17. 석담(潤雨) 가장(家狀)
'號遁村先生寔爲始祖)'
(낙촌) 도장(道長) 찬 1634 冬10월

18. 석담 윤우(潤雨) 묘지명
'其上世有集以文章志節顯於麗赫世…'
호조판서 김세렴 찬 1634(장례일)

19. 석담선생 윤우(潤雨) 묘지명
'石潭其先…判典校寺事諱集' 호조판서 김세렴 찬 1634

20. 석담(潤雨) 가장(家狀)
'遁村先生寔爲始祖(둔촌선생식위시조)'
낙촌 도장(道長) 찬 1634 冬10월

21. 둔촌휘집 시조비문--

'吾李籍于廣李惟我遁村先生寔爲始祖'

예조정랑 10대손 휴징 찬, 상진 書 1652

22. 청백리공 묘비문--

'遁村先生集之長子' 예조정랑 11대손 휴징 찬 1653

23. 둔촌시조 묘제문--

'祭始祖遁村先生墓文'(제시조둔촌선생묘문)

(귀암) 원정 찬 1667년 정미.

24. 생원공 시조비문--

'國朝人物之盛廣李爲最公其始祖也'

한성부우윤 (元禎) 찬, 상정(象鼎) 書 1669

25. 낙촌공 도장(道長) 묘비명--

'姓李氏其先廣陵人高麗聞人判典校寺 事集之後'

미수 허목 찬 1674

26, 둔촌시조 묘제문--

'祭始祖遁村先生墓文'(제시조둔촌선생묘문)

(귀암) 원정 찬 1667년 정미.

27. 낙촌공 도장(道長) 묘비문--

其先廣陵人高麗聞人判典校寺事集之後'

미수 허목 찬 1674

28. 석담선생 윤우(潤雨) 묘갈명--

'其先廣陵人判典敎寺事集號遁村' 영의정 허목 찬 1675

29. 둔촌 선생 유고 중간 발--

'我始祖遁村先生遺稿…' 10대손 후원 찬 1686년 여름.

30. 선고(元禎)행적--

'先親諱元禎…廣州李氏也 鼻祖遁村先生諱集'

(정재)담명 찬 1689

31. 승사랑 지(摯) 묘지문--

'五代祖諱唐 高祖諱集)' 경상관찰사 담명 찬

32. 선고 부군 원정(元禎) 묘비문--

'號歸巖…高麗遁村先生諱集卽鼻祖' (정재) 담명 찬

33. 증조고 영우(英雨) 묘지명--

'系廣州…號遁村先生爲始祖' 정재 담명 찬

34. 고조고(光復)공 묘지명--

'廣州人 麗末有諱唐生員 諱集號遁村 以文學 志節鳴于世'
(정재)담명 찬

35. 교리공 한명(漢命) 묘지명--

廣州人 始祖諱集 (정재)담명 찬

36. 충장공(光岳) 시장(諡狀)--

'廣陵遠有代序始祖諱集' 대제학 강현 찬 1708

37. 갑진보 범례--'以遁村爲始祖' 1724

38. 판서공 변설13조

'以遁村爲始祖 生員公爲遁村之所自出' 1724

39. 한성부판윤(의만) 묘지명--

'廣陵李皆祖於遁村先生' 도승지 윤휘정 찬 1724~

40. 문익공 원정(元禎) 묘비문--

'其先廣陵人在麗判典校寺事號遁村'
규장각제학 채제공 찬 1736

41. 양진재공 수관(秀莞) 묘비문--

'李自遁村先生始顯' 대제학 홍경모 1737

42. 하남 인화이씨 광기(壙記·묘지)--
我始祖 判典校寺事 遁村先生 諱集之 所自出也'
사복시정 명익(命益) 찬 1763년 7월 초1일.

43. 병진보 범례--'以遁村爲始祖' 1796

44. 박곡공 원록(元祿) 묘비문--
'廣州李氏遁村先生諱集之後' 從5대손 (묵헌)만운 찬

45. 조고 휘 윤중(允中) 묘지명--
'廣州李氏遁村先生諱集爲始祖' (묵헌)만운 찬

46. 병조좌랑 기명(基命) 묘비문--
'廣州人鼻祖諱集(광주인시조휘집)' (묵헌)만운 찬

47. 종6대조 감호당 휘 도장(道章) 묘비문--
'鼻祖遁村諱集(시조둔촌휘집)' (묵헌)만운 찬

48. 종6대조 감호당 도장(道章) 행장--
'遁村先生諱集實爲始祖(둔촌선생휘집실위시조)'
(묵헌)만운 찬

49. 형조좌랑 주명(周命) 묘비문--
'始祖遁村先生諱集'(묵헌)만운 찬

50. 7대조 영우(榮雨) 묘비문--
'遁村先生諱集卽鼻祖也'(묵헌)만운 찬

51. 구례현감 인부(仁符) 묘비문--
'始祖諱集遁村先生'(묵헌)만운 찬

52. 증조부 달중(達中) 묘비문--
'廣州人遁村先生諱集卽鼻祖也'(묵헌)만운 찬

53. 증조고 학중(學中) 묘비문--
'始祖遁村先生諱集'(묵헌)만운 찬

54. 귀암공 시장(諡狀)--
'公諱元禎字士徵系出廣州始祖諱集'
이조판서 의익(한음 9대손) 찬 1871

55. 계유보 범례--'以遁村爲始祖' 1873

56. 기미보 범례--'以遁村爲始祖' 1919

- 광복 후-

57. 시조비 묘비문--

'始祖妃仁華李氏墓碑文'

대종회 개수(改竪), 채진 근서(謹書) 1975

58. 참판공(극기) 묘비명--

'廣州之李…自遁村先生諱集聿樹風節'

문학박사 이가원 1984.

59. 참판공(극기) 묘비문--

'唐生員…鼻祖, 遁村先生諱集…寔爲一世祖'

철학박사 안호상 1985

60. 「둔촌 이집선생—둔촌탄생 660주년 기념논문」

"광주이씨의 시조(始祖)이신 둔촌 이집 선생…"

민병하, 1987

61. 통제사(도빈) 묘비문--

'廣州人始祖諱集遁村先生' 방손 채진 찬 1990

62. 운곡서원 구기비문--

'廣州之世而李遁村先生集之後也'

화산 권옥현 찬 1992. 6.

63. 「경기도 문화재지정 청원서」--
"둔촌 이집 선생은 광주를 관향으로 하는 씨족의 시조…."
청원인, 대종회 도유사 이용식 1992

64. 「광이 시조론」,
'시조는 족보상의 1대이신 둔촌' 이창순, 1992

65. 경상우병사(헌) 묘비문 --
'廣州人始祖號遁村' 조양 임병학 찬 1998

66. 「조선후기 창시보와 합동계보」『한국계보연구』
둔촌 이집은 광주이씨 가문의 실질적인 시조가 되었다."
박홍갑 2017

67. 『성남시지초(城南市誌抄)』「조선의 건국과 토착세력」
"광주이씨 세보상에는 이집을 그 시조 1대로 모신다."

* 광릉부원군 · 후손 관련 문헌

1. 부원군 묘비명--

'曾祖諱集判典校寺事…' 춘추관사 신종호 찬 1495

   2. 부원군 행장--
'曾祖諱集奉順大夫…' 좌의정 홍귀달 찬 1497

   3. 2대손 전한공 수공(守恭) 묘비문--
'廣州人遠祖遁村' 통훈대부사역 조신 찬 1526(중종21)

   4. 5대손 병조참판공 정립(廷立) 묘비문--
'李爲廣州大姓其始有諱集' 백사 문충공 이항복 찬 1589

   5. 병조참판공(정립) 시장(諡狀)--
'廣州人八代祖集號遁村先生' 세자사 송시열 찬

* 문경공·후손 관련 문헌

   1. 문경공 묘비문--
'曾祖遁村先生諱集' 종정경 이명상 찬

   2. 1대손 관찰사공 세우(世佑) 묘비문--

'廣李氏自遁村顯''遁村名麗乃浚其源' 눌재 박상 찬 1517

3. 2대손 현감 수진(守震) 묘비문--
'始祖遁村公諱集' 대제학 이황 찬 1554

4. 광안군 연경(延慶) 묘비문--
'廣州人也其始祖曰諱集' 대제학 이황 찬 1554

5. 숭덕재공 윤경(潤慶) 행장--
'廣州人 自遁村始大 遁村諱集' (동고) 준경 찬 1562

6. 숭덕재공 윤경(潤慶) 묘비문--
'廣之李 自遁村始大' (동고) 준경 찬 1562

7. 광안군 연경(延慶) 묘지명--
'廣陵之李 冑於遁村判典校寺事諱集'
좌의정 노수신 찬 1568

8. 숭덕재공 윤경(潤慶) 묘비문--
'廣李上世 有諱集 判典校寺事' 좌의정 노수신 찬 1578

9. 동고상공 준경(浚慶) 묘비문--
'其始 麗代聞人 有諱集' 좌의정 노수신 찬 1578

10. 둔촌 선생 묘역수호기--

'名家始祖墓'에 조정랑 휴징 찬 1665. 시월.

11. 충장공(光岳) 시장(諡狀)--

'廣陵遠有代序 始祖諱集' 대제학 강현 찬 1708

12. 한성부판윤(의만) 묘지명--

'廣陵李皆祖於遁村先生' 도승지 윤휘정 찬 1724~

13. 상정, 용수, 용중 비문--

'諱集遁村先生爲始祖' 대종회 총무유사 창순 찬 1990-93.

* 광천부원군 · 후손 관련 문헌

1. 생원공 휘당 시조비문--

'公姓諱唐廣陵李氏之始祖也'
청도군수 7대손 의경(宜慶) 1570

2. 광천부원군 묘비문--

'廣李出自高麗國子生員諱唐' '曾祖諱集號遁村'

고령 김도련 찬 1985.

　3. 광천부원군 묘비문--

'國子生員諱唐卽公之高祖也' '曾祖諱集號遁村'
성균관 전례 강정희 1991.

　4. 1대손 세홍(世弘)--

'國子生員諱唐公之五代祖也' '高祖諱集號遁'
성균관 전례 강정희 1991

* 광원군·후손 관련 문헌

　1. 1대손 감사공 세정(世貞)--
'廣州人高祖諱集' 대제학 이사균 찬 1545

　2. 5대손 강계부사 상안(尙安) 묘비문--
'號遁村卽公之始祖也' 영의정 이경석 찬 1645

　3. 2대손 양진재공 수관(秀莞)--
'李自遁村先生始大' 대제학 홍경모 1737

4. 군자감공 경남(慶男)--
'廣州李氏自遁村大顯' 장령 성근묵 찬 1805

5. 사복시정 여량(汝良)--
'其先諱集號遁村' 장령 성근묵 찬 1805

6. 광원군 묘비문--
'四峰廣州人曾祖諱集' 15대손 정래 찬 1984

* 좌의정공(휘克均)·후손 관련 문헌

1. 좌의정공 묘비문--
'五峰其先廣州人…遁村先生集' 문학박사 이가원 찬 1984.

2. 한음 덕형 묘지명--
'李出廣州爲望族有大名於世者曰集號遁村'
오성 이항복 1613.

3. 한음 덕형(德馨) 묘비문--
'廣李先遁村翁其倡孝節抔峙干后' 대제학 조경 찬 1646

4. 이조판서 의익(宜翼) 행장--

'始祖 遁村李集' 5대손 병교 찬 1883. 8.

* 참판공(휘克基) 관련 문헌

1. 참판공--

'諱唐…鼻祖也' '遁村先生諱集…寔爲一世祖也'

철학박사 안호상 찬 1985

2. 참판공 묘비명--

'廣州之李…自遁村先生諱集聿樹風節'

문학박사 이가원 1984

* 좌통례공(휘克堅) 후손 가장, 행장, 묘지명 묘비문 문헌

1. 승사랑 지(摯) 묘비문--

'廣州人始祖諱唐)' 현손(석담) 윤우 찬

2. 장단도호사 반(攀) 묘지명--
'公遁村之後' 호음 정사룡 찬

3. 승사랑 지(摯) 묘지문--
'五代祖諱唐 高祖諱集' 경상관찰사 담명 찬

4. 2대손 사헌부 지평공 영부(英符) 묘지명--
'遁村寔爲鼻祖' 호음 정사룡 찬 (公卒 20년 후) 1543

5. 사헌부 지평 영부(英符) 묘비문--
'號遁村是爲鼻祖' 호음 정사룡 찬

6. 증조고 영우(英雨) 묘지명--
'系廣州…號遁村先生爲始祖' 정재 담명 찬

7. 석담(潤雨) 가장(家狀)--
'號遁村先生寔爲始祖' 낙촌 도장(道長) 찬 1634 冬10월.

8. 생원공 시조 비문--
'廣李爲最(諱唐)其始祖也'
한성부우윤 (元禎) 찬/ 상정(象鼎) 書 1669

9. 선고 부군 원정(元禎) 묘비문--

'號歸巖…高麗遁村先生諱集卽鼻祖也'
(정재) 담명 찬

   10. 예조참판(英賢) 묘갈명--
'故遁村李先生在麗季有大名…公其五世孫'
우암 송시열 찬 1674

   11. 진사공 덕부(德符) 묘지명--
'廣李起於麗末…有諱集判典敎寺事'
(석담)윤우(潤雨) 찬 1633, 8월.

   12. 3대손 처사공 준경(遵慶) 묘비문--
'遁村先生實爲始祖'(석담)윤우(潤雨) 찬 1633

   13. 석담 윤우(潤雨) 묘지명--
'其上世有集以文章志節顯於麗赫世…'
호조판서 김세렴 찬 1634(장례당일)

   14. 둔촌시조 묘제문--
'祭始祖遁村先生墓文'(귀암) 원정 찬 1667

   15. 낙촌 도장 묘비명--
'姓李氏其先廣陵人高麗聞人判典校寺事集之後'

미수 허목 찬 1674

16. 낙촌부군(洛村府君行狀)--
'號洛村其先廣州人始祖遁村先生諱集'
(귀암) (元禎) 찬 1665

17. 고촌선생 심홍(心弘) 묘비문--
'廣州人在麗末…遁村先生諱集爲始祖' (귀암)원정 찬

18. 고조고(光復) 묘지명--
'廣州人 麗末有諱唐生員 諱集號遁村以文學志節鳴于世'
(정재)담명

19. 문익공 (元禎) 묘비문--
'其先廣陵人在麗判典校寺事號遁村'
영의정 채제공 찬 1736

20. 대사헌 박곡(元祿)공 행장--
'廣之李氏°以高麗判典校寺事遁村先生諱集爲鼻祖'
남촌 송이석 찬, 숙종 조.

21. 귀암공 가장(家狀)--
'姓李氏號歸巖系出廣州鼻祖遁村先生諱集'

2대손 세원 찬 1778 孟夏.

22. 교수공(천추) 묘비문--
"遁村先生諱集 寔爲始祖"
6세손 통정대부 지중추 대시 찬 1792

23. 귀암공 시장(諡狀)--
'公諱元禎字士徵系出廣州始祖諱集'
이조판서 의익(한음 9대손) 찬 1871

24. 박곡공 원록(元祿) 묘비문--
'廣州李氏遁村先生諱集之後 從5대손 (묵헌) 만운 찬

25. 경무공 우항(宇恒) 묘비문--
'鼻祖諱集遁村先生' 안동 김원영 찬, 고종 때.

26. 정재공 담명(聃明) 묘비문--
'李氏廣州始祖高麗遁村先生諱集' 대사간 유치명 찬 1847

27. 담명(聃明) 家狀(가장)--
'公諱聃明…始祖諱集' 6대손 의수 찬

28. 정재공(담명) 행장--

'其先廣州人高麗末有遁村先生諱集以文學節行名於世爲廣州氏鼻祖' 강해 찬

29. 통제사 도빈(道彬)--
'廣州人始祖諱集遁村先生' 방손 채진 찬 1990

30. 경상우병사공 헌(憲) 묘비문--
'廣州人始祖號遁村' 조양 임병학 찬 1998

31. 묵헌공 만운(萬運) 묘비문--
'遁村集其初祖' 장석영 찬 1978

32. 교리공 한명(漢命) 묘지명--
'廣州人始祖諱集'(정재)담명 찬

33. 선고(元禎)행적--
'先親諱元禎…廣州李氏也 鼻祖遁村先生諱集'
(정재)담명 찬 1689

34. 조고 휘 윤중(允中) 묘지명--
'廣州李氏遁村先生諱集爲始祖 (묵헌)만운 찬

35. 병조좌랑 기명(基命) 묘비문--

'廣州人鼻祖諱集(광주인시조휘집)'(묵헌)만운 찬

   36. 종6대조 감호당 도장(道章) 묘비문--

'鼻祖遁村諱集'(묵헌)만운 찬

   37. 종6대조 감호당 도장(道章) 행장--

'遁村先生諱集實爲始祖'(묵헌)만운 찬

   38. 형조좌랑 주명(周命) 묘비문--

'始祖遁村先生諱集'(묵헌)만운 찬

   39. 7대조 영우(榮雨) 묘비문--

'遁村先生諱集卽鼻祖也'(묵헌)만운 찬

   40. 구례현감 인부(仁符) 묘비문--

'始祖諱集遁村先生'(묵헌)만운 찬

   41. 증조부 달중(達中) 묘비문--

'廣州人遁村先生諱集卽鼻祖也'(묵헌)만운 찬

   42. 증조고 학중(學中) 묘비문--

'始祖遁村先生諱集'(묵헌)만운 찬

43. 처사 이공 면운(勉運) 묘갈명--

'廣州人…號遁村諱集 其祖也 대사간 유치명 찬 1847

* 석담 선생 관련 문헌

1. 1대손 승사랑 지(摯) 묘비문--

'廣州人始祖諱唐(광주인 시조휘당)

현손 석담 윤우(潤雨) 찬

2. 진사공 덕부(德符) 묘지명--

'廣李起於麗末…有諱集判典敎寺事

석담 윤우(潤雨) 찬 1633년 8월.

3. 처사공 준경(遵慶) 묘비문--

'遁村先生實爲始祖(둔촌선생실위시조)'

석담 윤우(潤雨) 찬 1633

4. 석담(潤雨) 가장(家狀)--

'號遁村先生寔爲始祖(호둔촌선생식위시조)'

(낙촌) 도장(道長) 찬 1634 冬10월.

5. 석담 윤우(潤雨) 묘지명--

'其上世有集以文章志節顯於麗赫世…

호조판서 김세렴 찬 1634(장례일)

* 낙촌 도장(道長) 관련 문헌

1. 석담(潤雨) 가장(家狀)--

'遁村先生寔爲始祖' 낙촌 도장(道長) 찬 1634 冬10월.

2. 낙촌공 도장(道長) 묘비명--

'姓李氏其先廣陵人高麗聞人判典校寺事集之後'

미수 허목 찬 1674

* 귀암 이원정 관련 문헌

1. 둔촌 선생 시조 비문--

'遁村先生寔爲始祖'

예조정랑 휴징 찬 1652, (갑과급제 원정 발기에 참여)

 2. 생원공 시조 비문--

'廣李爲最(諱唐)其始祖也'

한성부우윤 원정(元禎) 찬/상정(象鼎) 書 1669

 3. 낙촌부군행장(洛村府君行狀)--

'號洛村其先廣州人始祖遁村先生諱集'

(귀암) (元禎) 찬 1665

 4. 고촌선생 심홍(心弘) 묘비문--

'廣州人在麗末…遁村先生諱集爲始祖' (귀암) (元禎) 찬

 5. 둔촌시조 묘제문--

'祭始祖遁村先生墓文' (제시조둔촌선생묘문)

(귀암) 원정 찬 1667년 정미

 6. 선친(元禎) 행적--

'先親諱元禎…廣州李氏也 鼻祖遁村先生諱集'

(정재)담명 찬 1689

 7. 선친(元禎) 묘비문--

'號歸巖…'高麗遁村先生諱集卽鼻祖也' (정재)담명 찬

8. 문익공(元禎) 묘비문--

'其先廣陵人在麗判典校寺事號遁村

영의정 채제공 찬 1736

   9. 귀암(元禎)공 가장(家狀)--

'姓李氏號歸巖系出廣州鼻祖遁村先生諱集'

2대손 세원 찬 1778 孟夏

   10. 귀암공 시장(諡狀)--

'公諱元禎字士徵系出廣州始祖諱集'

이조판서 의익(한음 9대손) 찬 1871

   * 경상관찰사 담명 관련 문헌

   1. 선고(元禎)행적--

'先親諱元禎…廣州李氏也 鼻祖遁村先生諱集'

(정재)담명 찬 1689

   2. 승사랑 지(摯) 묘지문--

'五代祖諱唐 高祖諱集)' 경상관찰사 담명 찬

3. 선고 부군 원정(元禎) 묘비문--
'號歸巖…'高麗遁村先生諱集卽鼻祖也'(정재)담명 찬

4. 증조고 영우(英雨) 묘지명--
'系廣州…號遁村先生爲始祖'(정재)담명 찬

5. 고조고(光復)공 묘지명
'廣州人 麗末有諱唐生員 諱集號遁村 以文學志 節鳴于世'
(정재)담명 찬

6. 교리공 한명(漢命) 묘지명--
廣州人 始祖諱集 (정재)담명 찬

7. 정재공 담명(聃明) 묘비문--
'李氏廣州始祖高麗遁村先生諱集 대사간 유치명 찬 1847

8. 절재 담명(聃明) 家狀(가장)--
'公諱聃明…始祖諱集 6대손 의수 찬

9. 정재공 담명(聃明) 행장--
'其先廣州人 高麗末 有遁村先生諱集 以文 學節行名於世
爲廣州氏鼻祖' 강해 찬

* 묵헌 만운(萬運) 관련 문헌

1. 박곡공 원록(元祿) 묘비문--
'廣州李氏遁村先生諱集之後' 從5대손
(묵헌)만운 찬

2. 조고 휘 윤중(允中) 묘지명--
'廣州李氏遁村先生諱集爲始祖' (묵헌)만운 찬

3. 병조좌랑 기명(基命) 묘비문
'廣州人鼻祖諱集' (묵헌)만운 찬

4. 종6대조 감호당 휘 도장(道章) 묘비문--
'鼻祖遁村諱集' (묵헌)만운 찬

5. 종6대조 감호당 도장(道章) 행장--
'遁村先生諱集實爲始祖' (묵헌)만운 찬

6. 형조좌랑 주명(周命) 묘비문--
'始祖遁村先生諱集' (묵헌)만운 찬

7. 7대조 영우(榮雨) 묘비문--
'遁村先生諱集卽鼻祖也' (묵헌)만운 찬

8. 구례현감 인부(仁符) 묘비문--
'始祖諱集遁村先生'(묵헌)만운 찬

9. 증조부 달중(達中) 묘비문--
'廣州人遁村先生諱集卽鼻祖也'(묵헌)만운 찬

10. 증조고 학중(學中) 묘비문--
'始祖遁村先生諱集'(묵헌)만운 찬

11. 묵헌공 만운(萬運) 묘비문--
'遁村集其初祖' 장석영 찬 1978

* 문숙공파 관련 문헌

1. 교수공(天樞) 묘비문--
"遁村先生諱集 寔爲始祖"
6세손 통정대부 지중추 대시 찬 1792

* 관련 졸기(卒記)

1. 충희공 인손(仁孫)--'廣州人 集之孫' 1463
2. 광릉부원군 극배(克培)--'曾祖集 號遁村' 1495
3. 광원군 극돈(克墩)--遁村李集之曾孫' 1503
4. 동고(浚慶) 졸기--'廣州人高麗判典校寺事遁村 李集之 後也' 1572

부록2

광주이씨 창시보와 합동계보 편찬과정

朴洪甲(전 국사편찬위원회 편사부장)

1. 머리말
2. 광주이씨 창시보 간행과정
3. 광주이씨 창시보 특징과 성격
4. 합동계보 갑진보의 등장
5. 맺음말

1. 머리말

조선조 사족사회를 연구함에 있어 선행되는 문제는 그들의 가계(家系)에 대한 이해부터 해야 한다는 점이다. 그리하여 족보는 일찍부터 연구자들에겐 관심의 대상이기도 했다. 한 때에는 족보 자료의 한계를 지적하여 관심 밖으로 돌린 경우도 있었지만, 꾸준하게 족보 관련 논고들이 발표되었던 것은, 이를 통한 이해 방법의 효율성과 적합성이 더 크다는 인식의 틀이 있었기 때문이다. 전통사회 가계기록과 족보 관련 논고들은 일일이 제시할 수 없을 정도로 많은 연구 결과물들이 축적되었으며, 이를 토대로 광주이씨 가문에서 편찬한 족보를 살펴보고자 한 것도 이런 이유 때문이다.

광주이씨 가문에서 발간한 창시보는 1610년에 발간된 경술보였는데, 당시 관례에서 벗어나 과감하게 외손들을 배제시킨 동성보(同姓譜)를 간행했다는 점이 특이하다. 또한 이집의 아버지 이당의 선세(先世) 계보를 확보했음에도 그 근거가 뚜렷한 것이 아니란 이유로 이집의 방계를 별보(別譜)에다 등재했다는 특징도 아울러 담고 있다. 그러다가 한 세기가 지난 1724년의 갑진보에서는 다시 외손을 2대까지 싣는 족보로 옮겨갔다. 따라서 종법제도의 이해 바탕 위에서 동성보가 간행된 과정이나 그 성격에 대해 살펴보는 것은 우리 족보사 전체를 놓고서도 매우 의미 있는 작업이 아닐 수 없다. 대체로 15~16세기 초기족보에서 17세기 후반부터 보이기 시작한 일반적인 족보 체제로 이행하는 과정에서 과도기로 설정될 수 있는 시기에도 다양한 족보들이 나타났는데, 광주이씨 경술보 역시 이에 대한 매우 좋은 사례가 된다 하겠다.

이에 따라 본고에서는 광주이씨 경술보가 담고 있는 특징들을 살펴봄으로써 당대 양반가문의 계보 인식과 시대적 고민들에 대한 이해를 돕고자 한다. 아울러 개인적 발상에서 출발한 초기 족보에서 벗어나 합동계보인 갑진보를 통해 파의 형성이나 족보 기재 방식의 변화과정을 알아봄으로써 우리 족보의 큰 흐름을 더듬어 보고자 한다. 이는 광주이씨 족보들이 담고 있는 특수성과 우리 족보의 보편성을 동시에 나타내 준다.

광주이씨 창시보였던 경술보를 주도한 것은 이극감 계열이었고, 이때 둔촌 이집의 방계를 별보에 담았다. 그리고 이 문제는 갑진보 간행 과정에서도 매우 뜨거운 논쟁거리로 비화되었다. 각 계파별 계보 인식의 차이가 매우 컸기 때문인데, 그 당시 쟁점 사안과 흔적들을 오롯이 족보에 담아냈다는 특징을 가진다. 이를 해명하기 위해서는 우리 성씨와 본관제도 형성과정까지 연결 지은 별고를 통해 다루어야 할 만큼 큰 사안이어서 문제제기 하는 선에서 만족하기로 하였다.

2. 광주이씨 창시보 간행과정

우리 족보사에서 15~16세기에 이르는 초창기에 간행된 족보는 신분적 동류의식의 발로에서 출발한 면이 크다. 조선 건국 이후 정치적 소용돌이 속에서 그 가격(家格)을 그대로 유지한다는 것이 매우 힘든 것이었고, 이에 따라 사환(仕宦)에 결격 사유가 없음을 증명하기 위한 자료가 필요했다. 아울러 '나'의 신분을 입증해야 할 조상을 밝혀야 했으므로, 광범위한 수족(收族)을 강조하는 후대의 족보와는 그 성격이 달랐다. 특정 인물에 대한 존조(尊祖) 의식 아래 그 자손임을 확인한다는 간행 의미가 더 컸다.[102] 이렇듯 조선 시대 족보는 사적 자료였음에도 불구하고 공적인 자료로 활용되었음을 알 수 있다.

광주이씨가 1610년에 발간한 창시보(創始譜)는 둔촌 이집을 기점으로 한 후손들이 존조 의식과 함께 자신들의 신분을 증명하기 위한 노력의 소산이었음이 분명하다. 성종 때 『동국여지승람』이 편찬되면서 각 군현별 인물조가 신설되었고, 광주목에는 광주이씨 가문에서 배출한 다수의 인물들이 등재되었다. 이어 중종 25년(1530)에 이를 증보한 『신증동국여지승람(新增東國輿地勝覽)』으로 개편되면서 새로 어떤 인물이 추가되는가에 대한 관심 또한 적은 것은 아니

---

102) 김난옥, 2008, 「여말선초 先祖意識과 족보편찬의 신분적 배경」 『한국중세사연구』 25, 한국중세사연구회.

었다. 이 시기에 오면 소위 거족(鉅族)이라 불리는 양반사회에서의 명족의식이 크게 대두되어 자기 가문의 자긍심을 높이려 한 사례들이 많았던 것으로 파악되기 때문이다.[103]

이런 배경하에서 동고 이준경의 노력으로 16세기 후반에 광주이씨 족보가 한차례 간행된 바가 있다. 그러나 이는 현재 전하지 않고 있으며, 1610년경에 경상도 의성에서 간행된 경술보가 광주이씨 창시보(創始譜)에 해당한다. 서문을 제외한 표지와 범례를 포함하여 모두 41장 82면 1책으로 된 경술보는 크게 두 부분으로 구성되어 있다. 광주이씨동성보(廣州李氏同姓譜)와 광주이씨동성별보(廣州李氏同姓別譜)가 그것인데, 전자가 64면, 후자가 16면을 차지한다. 그리고 표지와 범례가 각각 1면으로 되어 있다.

광주이씨동성보(廣州李氏同姓譜)는 상권 중권 하권으로 나누어지는데, 여기에 수록된 인물들은 실질적인 시조로 추앙받는 둔촌 이집(李集)의 아버지 이당(李唐)과 이집 후손들만으로 구성된 특징을 지닌다. 모두 3면으로 된 상권(上卷)에는 이집으로부터 그의 손자 대까지 3대가 수록 되었다. 즉, 이집과 그의 1녀 3남이, 그리고 3남에서 태어난 아들과 딸 13명이 각각 출생 순으로 등재되어 있다. 동성보이기에 딸한테서 태어난 외손들은 제외되어 있다. 약 25면을 차지하는 중권(中卷)에는 이집 손자들의 현손까지 4대가 아들

---

103) 이태진, 1976, 「15세기 후반기의 鉅族과 명족의식 -《동국여지승람》인물조의 분석을 통하여-」 『한국사론』 3, 서울대학교.

딸 구분 없이 출생 순으로 등재되어 있으며, 약 33면을 차지하는 하권(下卷)에는 둔촌의 8대부터 11대까지 수단(收單)이 되는 한 수록해 놓고 있다. 여기에서도 아들과 딸을 출생순으로 기록하였고, 동성보답게 외손은 전혀 기록하지 않았다. 둔촌을 기점으로 8대에서 11대 후손까지 수록범위가 차이나는 것은 족보 편찬을 담당했던 인물 직계나 가까운 방계를 보다 자세하게 수록했기 때문이다. 이인손의 둘째 아들 이극감 5대손이 족보 편간을 주도했기 때문에 그의 직계 인물에 대한 주기(註記) 내용이 매우 풍부한 대신 방계 인물 정보는 소략하다. 그리고 방계 인물은 대개 9대 정도에서 그친 경우가 많다.

[광주이씨동성보 상권(중 하권) 수록 계보도]

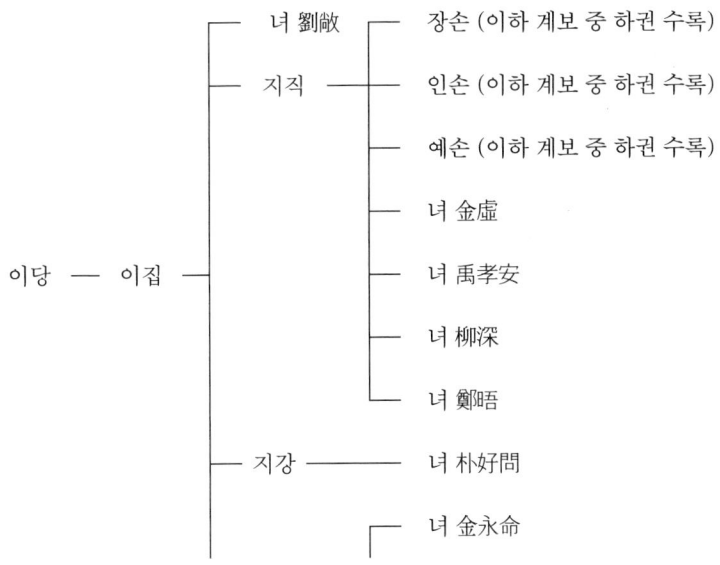

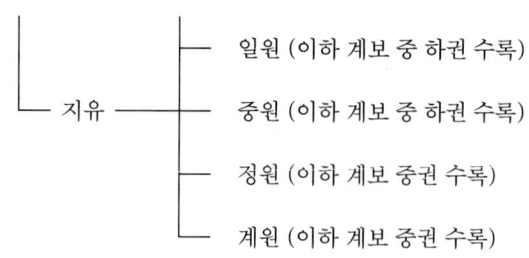

　광주이씨동성별보(廣州李氏同姓別譜)는 우리가 흔히 알고 있는 별보(別譜)와는 약간 성격을 달리하는 것인데,[104] 둔촌 이집과 연결되는 상계(上系) 계보를 나타내고 있음에도 추심 과정에서 확증 단계로 이어지지 못하자 별보로 처리하고 있다. 한 점 의혹이나 왜곡도 있어서는 안 된다는 당위성을 앞세운 결과였다. 그리하여 미심쩍은 부분은 범례에서 '전의(傳疑)'라 밝히면서 후일에 밝혀지길 기대하고 있기도 하다. 16면이 할애된 별보(別譜)에는 상·하권으로 구성된다. 상권 4면에는 이당의 고조 이한희(李漢希)부터 이어지는 계보를 나타낸 다음 이당 5형제 세계도(世系圖)와 이한희 아들 3형제 계보를 나타내었고, 하권(下卷)에는 그 3형제의 후손들 계보를 앞의 동성보과 같은 방법으로 등재해 놓고 있는데, 이집의 대수로 환산한다면 6대~9대에 이르는 후손들이 수록되어 있다.

　동성보와 별보에서 상·중·하권으로 구분하였던 것은 범

---

104) 조선 시대 족보 편찬에 있어 별보(別譜)는 동일 성관(姓貫)을 가진 종족이라도 상계(上系)가 연결되지 않을 경우가 가장 흔하며, 상계 연결에 대한 확증이 없는 경우도 별보(別譜)로 처리한 경우가 있다. 여기서는 후자에 해당한다 하겠다.

례에서도 언급하였듯이, 3대 혹은 4대씩 분록(分錄)하여 후세인들이 선대의 원근에 따른 혼란을 방지하는 차원에서 마련된 방안이었다.[105]

[별보 상권 계보도 1]

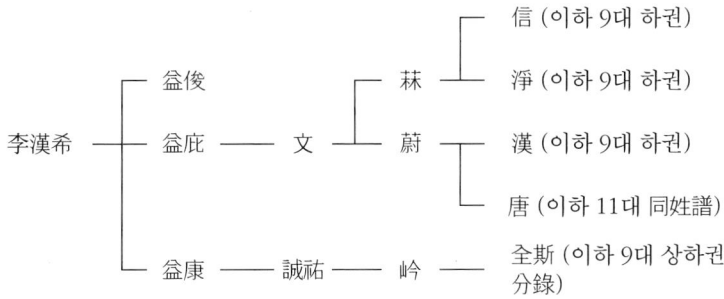

[별보 상권 계보도 2 : 李唐 아들 5형제]

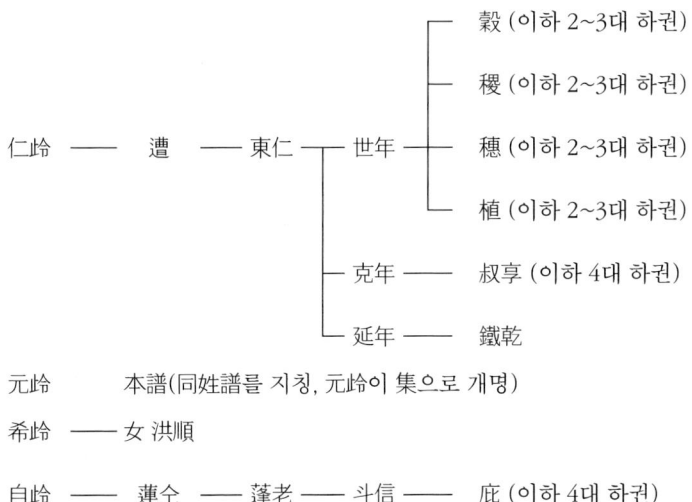

---

105) 『광주이씨동성보(경술보)』범례 "一. 本譜別譜 皆分爲上中下者 分錄代數 今觀者 不眩於先代之遠近 而自有連系之脈耳"

天岭

[별보 상권 계보도 3]

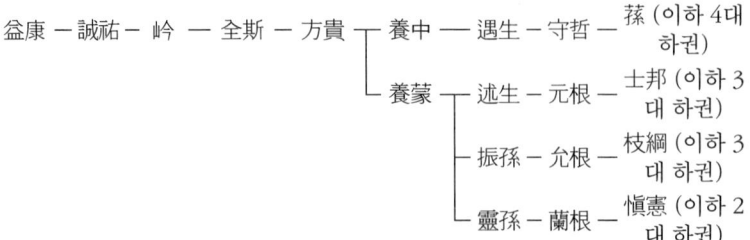

이렇듯 광주이씨 창시보였던 경술보에서부터 이당-이집의 상계(上系)를 확보했음에도 별보로 처리한 점이 특이하다. 이는 실질적인 시조로 추앙받는 둔촌 이집이란 현조(顯祖)를 모셔야 한다는 명족의식의 발로였으며, 동시에 조금이라도 의심이 가는 계보를 넣지 않겠다는 사명감에서 온 것이었다. 명문(明文)에 근거하지 않은 언전(諺傳)과 잡기(雜記)에서 얻어진 계보라는 의식 때문이었다.[106]

광주이씨 경술보 편찬 과정이나 직접 수보작업을 했던 인물에 대해서는 1613년 한음 이덕형이 쓴 서문이 첨부되어 있어, 그 대강의 전모를 유추해 볼 수 있다.

---

106) 『광주이씨동성보(廣州李氏同姓譜)』경술보 범례, "一. 遁村以上 舊無譜牒 頃年以來 訪于內外 子姓得之於諺傳 或得之於雜記 世代支派 猶有可據而知之者矣 然或未免有代數之顚倒 名字之訛謬 則似當闕之可也 而旣有先代諱號 庶可考閱 則不可徒誘以疑似 而使之泯無傳焉 況傳疑求正 亦一道也 姑存其得於傳記者 以俟夫明文之出 而正之云"

옛적 내 어린 시절 대부(大父) 거소에 따라가 광릉세보(廣陵世譜)를 보았는데, 활자로 인쇄되어 있었으나 자서(子壻)만 기록하고 외손까지는 미치지 않아 너무 간략함을 한스럽게 여겼다. 장성하여 옛사람의 종법을 상고해 보고 이 족보의 깊은 뜻이 있음을 알았는데, 대개 동고(東皐 ; 이준경)의 지시에 따른 것이라 하였다. 임란 병화에 국적(國籍)도 다 재가 되었거늘 하물며 가보(家譜)에 있어서랴! 종노(宗老) 사온(士溫) 씨가 동국 여러 씨족의 세계(世系)를 익히 알아 내외보(內外譜)를 거듭 자세하게 편찬하여 나에게 교인(校印)하기를 청했으나 그러질 못했다. 어느 날 문소(聞韶 ; 의성 옛 지명) 수령 이사수(李士修)가 성보(姓譜) 한 권을 보내 왔으니, 온전히 동고(이준경)의 구서(舊書)를 기술하고 또 소씨보(蘇氏譜 : 족보의 모범이 된 송나라 때 족보)의 자상함과 간략함을 모방했는지라, 지난 번 미처 교인(校印)하지 못한 것과 일견(一見)에 의사가 합치됨을 알았다. 참으로 요령을 체득하여 능히 세업(世業)이 될 만하도다. 간혹 한두 군데 틀리고 빠진 곳이 있어 곧 들었던 대로 고치고 그 전말을 서술하여 보냈다. 아! 우리 둔촌 선생께서 역적 신돈을 배척하시다가 화가 미쳐 멀리 피화하셨으며, 참의(이장손) 선조께서는 소도지변(昭悼之變 : 왕자 난)에 태종에게 고마(叩馬) 극간(極諫) 하셨으니, 올곧은 절개가 옛날에도 참으로 비할 바가 없어, 후손된 자 혹 가성(家聲)을 더럽힌다면 능히 이 족보에 대해 부끄러운 마음이 없을 수가 있을까? 또

둔촌 이후로 대수가 멀어져도 한 뿌리에서 나온 것이라, 본시 같은 뿌리가 화목하지 못할 자가 있다면 이 무슨 심사이겠는가? 선조의 정을 생각하고 족보를 보면서 유연하게 돈독하고 화목한 정이 일게 된다면 그것이야말로 바로 이 족보에서 느낀 바가 있었기 때문일 것이로다.

위 서문을 통해 알 수 있는 것은, 현존하지는 않지만 경술보가 나오기 이전에 이미 『광릉세보』라는 광주이씨 족보가 인간(印刊)되어 있었음이 확인된다. 이 세보에는 조선전기의 일반적인 족보기재 형식이던 내외보가 아니라 외손을 빼고 사위만 등재한 부계 중심의 기록이었다는 점이다. 이런 형태의 족보기록은 종법제도를 이해하고 있는 바탕 위에서 나온 산물이기도 한데, 『광릉세보』가 동성보 형태로 나올 수 있었던 것은 동고 이준경이 주도하고 있었기에 가능하였음을 전하고 있다. 그 후 이준경의 종손(從孫) 이사온(李士溫)은 동성보 형태가 아닌 내외보(內外譜)를 준비하여 거의 완성단계에 이르렀으나, 간행하는 데까지 이르지는 못했음을 전해주고 있다. 아무튼 위 서문에서 확인되는 이사온(李士溫)과 의성군수 이사수(李士修)는 한음 이덕형과 같은 항렬인데, 문경공 이극감 후예들이다. 보학에 해박한 지식을 갖고 있다던 이사온은 이윤경의 손자이자 이중열의 아들이며, 그의 4촌 이사수는 이윤경의 삼남 이계열의 막내였으나, 이준경의 아들 예열의 양자로 입적된 인물이다. 이들에 대한 간략한 계보를 살펴보면 다음과 같다.

[광주이씨 창시보 편찬자 간략 계보도]

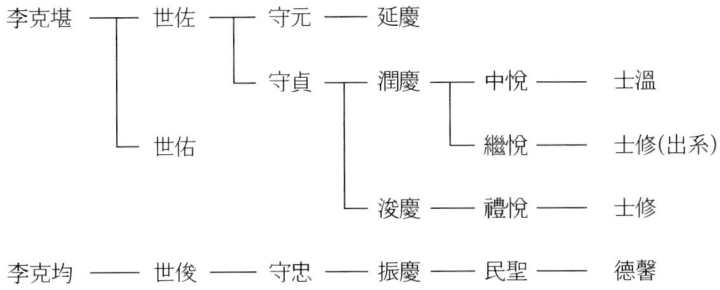

이렇듯 서문에서 확인되고 있는 인물들이 수보작업의 중심에 서 있었다는 점은 경술보를 구성하고 있는 내용 구성에서도 증명된다. 우리 초기 족보에 나타나는 현상들을 보면, 대개 1~2명의 개인적 차원에서 족보를 편찬하는 것이 관례였다. 이때 등재 족보 인물은 편잔자를 기점으로 동심원이 그려지듯 친소 관계망에 따라 내용이 풍부해지기도 하고, 소략해지기도 한다. 후대에 가서 합동계보를 편찬하게 되면, 각 지파별 공동 경비 부담과 공동의 노력이 들어가기 때문에 일반적인 족보 등재 인물에 대한 내용들, 즉 자호와 생졸년, 관직과 묘소 좌향 및 배우자와 배우자 가계이력 등과 같은 내용들이 동일한 비중으로 나타난다. 그런데 비해 15~16세기에 발간되는 초기 족보는 보학에 관심을 가진 1~2명의 개인적인 관심과 노력으로 편찬되는 것이 일반적이다. 따라서 편찬자 직계를 중심으로 수록 내용이 풍부하

게 나타나는 특징을 보이게 되는데, 경술보의 경우도 편찬을 주도했던 이윤경·이준경 형제와 그 후손들에 대한 인물 기록들이 풍부하게 나타나는 특징을 고스란히 담고 있다.

아무튼 경술보 서문을 통해 우리가 얻을 수 있는 것은 당시 성리학자들 사이에서 종법제도가 서서히 받아들여지고 있었다는 점이고, 동고 이준경 같은 인물이 있었기에 광주이씨 가문에서 보다 이른 시기에 종법제에 따른 족보편찬으로 이어졌음을 알 수 있다. 경술보 명칭이 '광주이씨동성보(廣州李氏同姓譜)'로 정했던 것도 그런 이유 때문이었다. 그 범례에서 밝혔듯이, 외손들이 본종보다 더 번성하지만 당시 관행으로 자리 잡았던 외손들을 빠짐없이 등재한다는 것 자체가 고열(考閱)에 불편할 뿐 아니라 경중(輕重)의 구분이 없어지는 것이기에 족보 명칭을 동성보(同姓譜)라 이름 짓는다고 하였다.

이렇듯 광주이씨 가문에서는 일찍부터 외손을 과감하게 생략하는 동성보 편찬 원칙에 따른 보첩이 있어왔고, 이는 동고 이준경으로부터 나온 것이 분명해 보인다. 광주이씨 가문에서서 전해오던 동성보를 어린 시절에 접해 본 한음 이덕형은 이해할 수 없었던 일이지만, 세월이 지나 그가 장성한 후 종법제도에 대한 이해도를 높이면서 부계 중심 가족제도와 계보의식의 변화 과정을 거쳐 본격적으로 이해하고 있었음을 알 수 있다. 따라서 광주이씨 가문에서 가졌던 계보의식은 매우 선구적인 역할을 하고 있었던 것으로 파악

된다.

그러면서도 종법 이해에 대한 시대적 한계도 동시에 보인다. 한음 이덕형이 이사온을 두고 지칭한 '종노(宗老)'란 표현은 조선 후기 종법질서가 확립되고 문중이 형성된 시기에는 나올 수 없는 호칭일 것이다. 두 사람 사이엔 5대조에서 갈라진 12촌에 불과했던, 동고조 8촌의 삼종(三從) 시마(緦麻)를 벗어난 지 얼마 지나지 않은 사이였기 때문이다. 그런 반면에 이를 뒤집어 생각해 보면, 종법제 이해의 바탕 위에서 '종노'란 용어가 사용되었을 가능성도 없지는 않다. 동고조 8촌 이내의 범위를 벗어난 종족에 대한 인식이 확대되어 가는 과정의 소산일 수 있기 때문이다.

아무튼 이집을 시조로 삼은 광주이씨 후예들은 다른 가문과는 달리 일찍부터 일체의 외손을 제외한 동성보(同姓譜)란 관념으로 존조(尊祖) 의식을 공유했고, 이를 족보에 반영시켜 갔다는 점이 이채롭다.

3. 광주이씨 창시보 특징과 성격

대체로 우리나라 족보들이 나타나는 시기는 15세기부터이며, 17세기 중·후반을 거치면서 다른 양상으로 변해간다. 우리가 흔히 알고 있는 족보는 17세기 후반에 이르러서야 본 모습을 나타내고 있어, 그 내용과 형식에 있어 상이한 부분이 많다. 그러나 대부분의 초기 족보들은 서문만 남아 있을뿐, 실제로 전해지는 것이 극히 드물다.[107] 따라서 서문만 존재하는 것인지, 아니면 간행되었던 족보가 산실(散失)된 것인지조차 파악하기 힘들 정도다. 아무튼 광주이씨 경술보는 그나마 현존해 오고 있던 것 중에 하나였고, 여기에서 보이는 형식이나 내용 요소의 특징들을 통해 그 성격을 짚어 보면 대략 다음과 같다.

첫째, 책머리에 한음의 서문 총 6면이 들어가 있고, 그 다음 속 표지면에는 "신편광주이씨동성지보(新編廣州李氏同姓之譜)"란 제목과 함께 "만력(萬曆) 38년 계추일(季秋日) 의성현(義城縣) 개간(開刊)"이란 간인(刊印) 연대와 장소에 대한 정보를 담고 있다. 경술보 속표지면 제목에서 신편(新編)이라 한 것은 이전에 이미 이준경 주도로 편찬되었던 『광릉세보(廣陵世譜)』가 있었기 때문으로 추정된다. 아울러 경술보가 경상도 의성현에서 간행되었던 것은 편찬 주관자 이사수가 당시 의성군수로 부임해 있었기 때문이다. 우리의 족보 간행 과정을 들여다보면, 거의 절대 다수는 지방관으로 부임한 종원(여기에는 친손 외손 구분이 없음)이 관비(官費)로 지변하거나 지방관으로 부임해 있던 여러 종원들이 힘을 보태 인쇄하던 것이 관례였는데, 광주이씨 경술보도 예외는 아니어서 의성군수 이사수가 의성 관아에서 간

---

107) 권기석, 2007, 「15~17세기 族譜의 編制 방식과 성격 - 序跋文의 내용 분석을 중심으로」『규장각』 30, 규장각한국학연구원.

행한 것이었다.

그다음 면에는 범례를 표기하였고, 표지면으로부터 3면째인 본문 우측에는 별행으로 이당의 행적을 수록하였고, 이어 그의 아들이자 실질적 시조로 옹립된 이집을 1세로 한 계보를 수록한 동성보 상권(上卷)에 이집 손자 대까지 3대에 걸친 계보가 상하 3칸으로 채워져 있다. 그런데 비해 동성보 중권(中卷) 이하에는 면당 5칸의 정간(井間) 체제가 마련되긴 했으나, 엄격한 실선으로 구분한 것이 아니라 횡으로 대수에 맞춘 계보를 잇는 선으로만 표시하였다. 따라서 완연한 정간(井間)을 갖춘 족보 형태가 아니라 족도 형식을 취한 것이라 할 것이다.

여기에서 상하 5칸으로 한 것은 제일 하단에 수록된 자의 입장에서 볼 때 언제나 고조 대까지 한눈에 파악된다는 점이다. 우리 전통사회에서 가족 구성은 오복(五服)제도에 따른 시마(緦麻) 여부가 언제나 중요한 기점이었고, 그에 따른 동고조 8촌의 범위를 항상 '남'과 구분하는 관행이 있어 왔다. 이런 관례는 특히 상속이나 문음 등에서 매우 중요한 잣대였다. 아울러 주인공을 기점으로 팔고조도(八高祖圖)를 그릴 때 언제나 고조의 선에서 끊어 부계와 모계 조상을 함께 추적해 왔던 관례도 있어 왔다. 이때에도 항상 상하 5칸으로 구성된다는 사실로 미루어보면, 광주이씨 경술보도 이런 습속과 관례들이 적용되어 상하 5칸의 정간으로 만들어진 것이라 여겨진다.

둘째, 본문에 해당하는 수록된 가계 인물 구성을 보면, 첫째면 세로로 1/3 정도 할애하여 이당 행적을 싣고, 그 나머지 지면에다 이집을 1세로 한 자녀와 손자녀 계보와 그들의 이력들이 소개되어 있다. 따라서 경술보 편찬에 있어 시조는 이집이었다. 여기에서 우리의 시조에 대해 다시금 생각하지 않을 수 없는데, 조상을 추심해 올라가는 과정에서 뚜렷한 관력이나 행적이 있는 자만 시조로 모셔지는 것이 조선 중기의 일반적인 관행이었다.[108] 따라서 광주지역에서 토착해 왔던 이씨들 중에는 이당을 비롯한 수많은 종족들이 살았을 것이며, 이당은 그 종족 중의 한 명이었다. 특히 고려 말 두각을 나타낸 대다수 가문들은 본관지의 향리 세력 후예들인데, 이들 중에서 급제하여 중앙 관직에 오른 인물이나 그와 가까운 직계조상들이 시조로 추앙받았을 뿐 아니라 한번 시조로 옹립된 경우 그 종족 정체성 형성에 매우 큰 영향을 미쳐 좀처럼 흐트러지지 않는 결속력을 보여 왔다. 그리고 이들은 대체로 신라 말에서 고려 초 개국공신 반열에 있던 명목상의 시조와 계보 연결을 시도하지만, 명목상 시조와 실질적인 시조 사이에는 짧게는 3~4대, 길게는 10여 대에 이르는 단선(單線) 계보조차도 중간미상으로 처리된 경우가 많았다. 이런 결과를 놓고 실질적인 시조와 명목상의 시조로 구분하려는 의도도 여기에 있다.[109]

---

108) 박홍갑, 2009, 「전통사회 家系기록과 始祖 만들기」『사학연구』 96, 한국사학회.
109) 송준호, 1980, 「韓國에 있어서의 家系記錄의 歷史와 그 解釋」『역

『동국여지승람』에는 11명의 광주이씨 인물이 소개되어 있을 정도로 번성한 가문을 이어갔고, 그들이 모두 둔촌과 그 직계였다는 점에서 그 소자출(所自出)로 둔촌의 아버지를 삼았던 것은 당연해 보인다.[110] 그리하여 둔촌 이전에도

사학보』87, 역사학회.
110) 『신증동국여지승람』 권6, 경기 광주 인물편, "이집(李集) : 본주의 아전이다. 고려 공민왕조에 과거에 올랐다. 천성이 강직하여 신돈(辛旽)에게 붙지 아니하니 돈이 죽이고자 하매 그 아버지를 업고 영주(永州)로 도망하였다가 신돈이 죽음을 받자 서울로 돌아와 본조에 벼슬하여 전교판사(典校判事)에 이르렀다. 학문이 높아서 한때에 사귀던 이색(李穡)·정몽주(鄭夢周)·이숭인(李崇仁)의 무리들이 모두 존경하고 중히 여겼다. 호는 둔촌(遁村)이요 시집이 있다. 이지직(李之直) : 이집의 아들로 급제하여 벼슬이 형조참의에 이르렀다. 이지강(李之剛) : 이지직 아우로 급제하여 벼슬이 의정부 좌참찬(議政府左叅贊)에 이르렀다. 시호는 문숙(文肅)이다. 이지유(李之柔) : 이지강의 아우로 급제하여 벼슬이 성주목사(星州牧使)에 이르렀다. 이장손(李長孫) : 이지직의 아들로 급제하여 벼슬이 의정부 사인(議政府舍人)에 이르렀다. 이인손(李仁孫) : 이장손의 아우로 일찍 급제하여, 여러 벼슬을 거쳐 대사헌에 이르렀다. 간절하고 정직하게 국사를 말하다가 대신에게 거슬려 한성부윤으로 옮겼다가 뒤에 다시 호조 판서가 되었다. 세조가 위로하고 일깨워 말씀하시기를, "경의 나이 많음이 민망하나 탁지(度支)의 무거운 임무는 경이 아니면 불가하다." 하였다. 얼마 안 되어 의정부 우찬성을 거쳐 우의정에 승진 되었다가 치사(致仕)한 지 5년 만에 죽었다. 사람됨이 침착하고 굳세고 큰 포부가 있었다. 음악과 여색을 좋아하지 아니하고, 가산(家産)을 일삼지 아니하였다. 벼슬에 있으면서 삼가고 주밀하여 전의 법도를 준수하기에 힘썼다. 시호는 충희(忠僖)다. 다섯 아들이 모두 급제하였다. 이예손(李禮孫) : 이인손의 아우로 급제하여 벼슬이 황해도 관찰사에 이르렀다. 이극배(李克培) 이인손의 아들로 급제하여 좌익공신(佐翼功臣)에 참여하였다. 벼슬은 의정부 영의정에 이르고, 광릉부원군(廣陵府院君)에 봉하고, 시호를 익평(翼平)이라 하였다. 성품이 엄중하고도 풍채가 있었으며 정치의 대체를 알았다. 아들 세필(世弼)·세광(世匡) 또한 과거 급제하였다. 이극감(李克堪) : 이극배의 아우로 두 번 과거에 합격하였다. 세조조에 좌익공신이 되어 광성군(廣城君)을 봉하였고 벼슬이 형조 판서에 이르렀다. 문장으로 이름이 있었고 시호는 문경(文景)이다. 아들 세우(世佑)도 급제하여 벼슬이 경기 관찰사에 이르렀다. 이극증(李克增) : 이극감의

각 파가 번성하여 현달한 자들이 많이 있지만 둔촌을 시조로 하는 후손들을 본보에 싣고 그 나머지를 별보(別譜)에 싣는 뜻을 분명히 한 것이다.[111] 『동국여지승람』을 신증(新增)하게 된 시기에 새롭게 등재된 광주이씨 인물들의 면면을 보면, 이극균과 이세좌 이외에도 이점(李坫)과 이손(李蓀) 등이 보인다. 이점은 과거에 급제하여 벼슬이 판윤에 이르러 시호를 문안(文安)으로 받은 인물이고, 이손(李蓀)은 과거 후 벼슬이 찬성에 이르러 시호를 호간(胡簡)으로 받았다. 이렇듯 이점과 이손 등은 이집 방계손으로 현달한 인물들이 되었지만, 이들 가문들은 별보로 처리하는 원칙이 준수되었다. 둔촌 이전에는 보첩이 없던 시절이라 그 자료들이 언전(諺傳)이나 잡기(雜記)에 의존할 수밖에 없던 상황이었고, 이는 혹 대수의 앞뒤가 바뀌거나 이름자에 대한 오

아우로 과거에 급제하여 좌리익대공신(佐理翊戴功臣)에 참여하여 광천군(廣川君)을 봉하였다. 부지런하고 조심하여 관(官)을 다스림에 집과 같이하였다. 시호는 공장(恭長)이다. 이극기(李克基) : 과거에 급제하여 벼슬이 공조 참판에 이르렀다. 성리학(性理學)에 정통하였다. 천성이 강직하고, 관(官)을 다스림에 법도가 있었다. 『신증』이극균(李克均) : 극증의 아우로 급제하여 벼슬이 좌의정에 이르렀다. 연산군 갑자년에 피살되었다. 이세좌(李世佐) : 이극감의 아들로 과거에 급제하여 벼슬이 판서에 이르렀다. 연산군 갑자년에 피살되었다. 이점(李坫) : 과거에 급제하여 벼슬이 판윤에 이르렀다. 시호는 문안(文安)이다. 이손(李蓀) : 과거에 급제하여 벼슬이 찬성에 이르렀다. 시호는 호간(胡簡)이다. 아들 수언(粹彦)이 과거에 급제하여 벼슬이 사인(舍人)에 이르렀다가 일찍 죽었다"
111) 『광주이씨동성보(廣州李氏同姓譜)』경술보 범례에서 "一. 遁村以前 各派之繁盛 而顯達者 亦多有之 而本譜以遁爲始 故付于別譜. 一. 各派實跡 所當詳錄 而勢難遍及 故獨詳於吾之所自出 遁村以前 代數名諱 雖有可據 未詳其眞僞 今姑錄于卷端 名爲別譜 以俟後世 有明知而正之者"라 한 것이 그것이다.

류 문제로 전의구정(傳疑求正 : 의심나는 부분을 후세에 전해 바르게 잡을 기회를 갖자는 뜻)하는 것이 하나의 방도임을 밝혀 후일을 기약하는 여지를 두었다.[112]

이로써 둔촌 이집은 광주이씨 가문의 실질적인 시조가 되었다. 이집의 아버지 이당의 존재와 그 자세한 행적이 관찬사서에까지 올랐다 할지라도[113] 시조에 대한 정체성은 흔들

---

112) 『광주이씨동성보(廣州李氏同姓譜)』경술보 범례, " 一. 遁村以上 舊無譜牒 頃年以來 訪于內外 子姓得之於諺傳 或得之於雜記 世代支派 猶有可據而知之者矣 然或未免有代數之顚倒 名字之訛謬 則似當闕之可也 而旣有先代諱號 庶可考閱 則不可徒誘以疑似 而使之泯無傳焉 況傳疑求正 亦一道也 姑存其得於傳記者 以俟夫明文之出 而正之云"

113) 『신증동국여지승람』 권6, 경기 광주목 변오(辨誤) 고려, 이집(李集) : 이당(李唐)은 본주의 아전이다. 조심하여 어진 행실이 있었다. 다섯 아들이 모두 과거에 급제하였는데 이집은 그 셋째 아들로, 처음 이름은 원령(元齡)이다. 고려 충목왕(忠穆王) 때 과거에 급제하여 문장과 지조로 세상에 이름이 있었다. 이색·정몽주·이숭인 등과 서로 더불어 공경하는 벗으로 삼았다. 일찍이 바른 것으로서 항거하다가 적승(賊僧) 신돈에게 거슬리매, 신돈이 장차 잡아 죽이려 하므로 가만히 그 아버지 당(唐)을 업고, 낮에는 숨고 밤에는 걸어 영천(永川)의 최윤도(崔允道) 집에 몸을 의탁하였다. 신돈이 죽음을 받으매 비로소 돌아와 이름을 고쳐 집(集)이라 하고 자를 호연(浩然)이라 하고 호를 둔촌(遁村)이라 하였다. 이로부터 출세할 뜻이 없었다. 봉순대부 판전교시사(奉順大夫判典校寺事)가 되었으나 얼마 아니하여 물러가 여주의 천녕현(川寧縣)에 살며 몸소 밭 갈고 글을 읽었다. 때로는 시편(詩篇)과 새 곡식을 정몽주 등에게 선사하니 몽주가 글을 부쳐 감탄하였다. 공양왕 정묘년에 죽으니 몽주·숭인 등이 글을 지어 애도(哀悼)하였다. 그 뒤 여러 어진 이들이 서로 이어 죽자, 고려가 망하고 아조(我朝)에서 개국하였다. 그의 사적의 전말이 여러 문집에 갖추어 실려 있으나, 역사를 편찬함에 미치어 임사홍(任士洪) 부자가 매우 이극감(李克堪) 형제를 질투하여, 이에 거짓으로 이집이 이조에 들어와 벼슬한 것으로 하여 마침내 본조 인물 밑에 그릇 기록하기에 이르렀다. 이어서 시림(詩林)을 주석한 자 또한 그 그릇된 기록을 따랐다. 선종(宣宗:宣祖) 조에 경연관(經延官) 홍적(洪迪)이 고치기를 청하니 선쭁이 인출(印出)할 때를 기디리라 명하였다. 근산 3

리지 않았다. 오히려 고려조에서 생을 마감했던 둔촌 이집에 대해 조선조 인물 조에 등재된 『동국여지승람』 오류를 수정해 가면서, 아울러 둔촌 아버지 이당의 자세한 행적까지 관찬사서에 재차 등재시켰다. 가히 후손들의 역할이 무엇이었던가를 극명하게 보여주는 단적인 예가 될 것이다. 보학자 송준호는 우리나라 시조에 대해 '여러 인물 중에서 행운을 누린 한 사람이며, 이는 후손을 잘 두었을 때만 가능하다'라고 한 바가 있는데,[114] 그런 의미가 잘 나타난다 하겠다.

한편 경술보에서 보인 특징 중에 하나가 수록 인물에 대한 이력 소개 내용 편차가 심한 문제이다. 통상적으로 개인적 관심에서 편찬된 초기족보에서 보이는 공통적인 특징이며, 인물 소개난이 동일한 수준이 아니었던 이유에 대해서는 앞에서도 설명이 있었기에 생략한다.

셋째, 경술보 속 표제가 『신편광주이씨동성지보(新編廣州李氏同姓之譜)』인데다, 권수(卷首) 제목 또한 광주이씨동성보와 광주이씨동성별보로 나눴고, 이에 따른 판심제 또한 이씨동성보 상·중·하(上·中·下) 혹은 이씨별보(李氏別譜) 상·하(上·下)로 구분하였다. 이처럼 동성보에 초점을 맞춘

    년(1611)에 비로소 이 책을 간행하여 세상에 공포하였다. 8대손 영의정 이덕형(李德馨)이 상서하여 유교(遺敎)를 따라 바로 할 것을 청하니 금상(광해군)이 유신(儒臣)에게 명하여 다시 편찬하도록 하였다. 거짓을 고쳐 실지로 삼으니 출처(出處)의 큰 대절(大節)이 명백하여져 유감없이 되었다."
114) 송준호, 1986, 「韓國의 氏族制에 있어서의 本貫 및 始祖의 문제」 『역사학보』, 역사학회.

사례는 우리 족보사에서 희귀한 편이다. 외손지파의 번성함을 모두 수록한다는 번거로움을 피하려는 뜻도 있었지만, 그 보다는 경중(輕重)을 구분하려는 의도가 더 컸던 것은 범례에서 이미 밝힌 바가 있다. 그 경중이란 종법 이해에 따른 본손과 외손의 차이를 말하는 것이며, 외손들에 대한 반영을 전혀 고려하지 않은 채 사위 이름만 등재되는 족보가 만들어졌다. 아들일 경우 "子 ○○", 딸의 경우 "女 ○○○"라는 식의 자녀들을 빠짐없이 기록한 것인데, 딸의 이름 대신 사위의 성과 이름이 등재되었다.

경술보에서 사위 이름이 들어간 것은 다른 족보에서 사위 이름이 들어간 것과 동일한 잣대로 볼 수는 없다. 중국의 경우 딸의 이름까지 등재된 경우가 있으나, 우리나라 전근대 족보나 호적에서 딸의 이름이 올라간 경우를 찾아볼 수 없다는 점에서, 경술보에서는 당대의 관습과 관례 때문에 딸이 사위 이름으로 대치된 것에 불과하다. 그래야만 진정한 "동성보(同姓譜)"란 의미를[115] 살릴 수 있을 것이며, 사위도 자식이란 관념으로 수록되었다면 그의 아들인 외손 또한 당연히 함께 수록되어야 하기 때문이다. 이렇듯, 광주이씨 경술보에서 사위 이름이 들어간 것은 딸을 등재하기 위한 하나의 수단에 지나지 않았다. 당시 대다수 가문에서 간행된 초기 족보에는 외손을 끝까지 추적하여 등재하였고,

---

115) 『광주이씨동성보(廣州李氏同姓譜)』경술보 범례 "且無輕重之別 今始不錄 名曰同姓譜"

후기 족보로 갈수록 2~3대에 한하여 외손을 수록하는 현실과 타협해 가는 방법으로 축소되던 것이 일반적인 모습이었다. 그런데 1610년에 간행된 『광주이씨동성보(廣州李氏同姓譜)』에서 외손을 과감하게 생략하고 진정한 부계 혈족만을 대상으로 했다는 것은 매우 획기적이고도 진보적인 세계관(世系觀)을 담은 것이라 할 것이다.

넷째, 종법제도 영향으로 부계 위주의 족보 편찬이었음에도 선남후녀(先男後女) 방식을 따른 것이 아니라, 아들 딸 구분 없이 출생 순으로 기재하는 방식을 채택하고 있다. 그리고 경술보 간행 시기에 와서 무후(无后) 관행이 사라졌다는 점이다. 전통적인 균분상속 제도하에서 장남 개념이 아직 도입되질 않았고, 또한 대를 잇는다는 관념으로 아들이 없는 경우에도 양자를 들인다는 생각과 관례가 정착되지 않았던 것이 조선 초기 상황이었다. 그런데 경술보 편찬을 위한 수단작업을 했던 당시 기준으로 본다면 무후로 처리된 경우도 있지만, 대체로 '위삼촌후(爲三寸后)' '위오촌후(爲五寸后)' 등으로 표현되었듯이, 가까운 당내(堂內)의 양자 관행이 보편적이었다. 그럼에도 재종숙에게 양자를 가는 '위칠촌후(爲七寸后)'의 사례까지 보이고 있다. 이를 통해서 본다면, 경술보 수단(收單) 작업을 하던 16세기 후반부터 이미 양자 관행은 정착했음을 보여주고 있다 할 것이다. 아울러 광주이씨 경술보에서 적서의 구분을 어떻게 처리했는가에 관한 문제이다. 족보 편간에 있어 항상 예민했던 문제가 적서의 구분이었는데, 광주이씨 경술보에서는 적실소생을 출생 순으로 나열한 다음 측실 소생을 출생 순으로 등재하고 있다. 이때 서출이 한 명일 경우엔 '측출(側出)', 2명 이상일 경우 이하측출(以下側出)'로 표현되었다.

족보에 있어 남녀 구분 없이 출생 순으로 한다거나, 양자(養子) 관행의 출현이나 적서(嫡庶) 관련 입보(入譜) 방식 등에 관한 문제는 동시대에 간행되었던 다른 가문 족보와 비교해 보는 것이 이해에 도움이 될 것이다. 1605년에 간행된 『진양하씨족보(晉陽河氏族譜)』도 1451년(문종 1)에 하연이 편찬한 내외손을 담은 구보(舊譜)를 바탕으로 한 것인데, 그 본문이 상집(上集), 하집(下集), 외보(外譜), 속집(續集), 별보(別譜)로 구성되어 있다. 상집이 1책, 나머지가 1책을 구성하고 있는 것도 하연의 구보 체제를 준용하기 위해서였다.[116] 상집(上集)에는 하연의 5자녀 계파별 내·외손을 수록했는데, 선남후녀 방식이 아닌 출생 순이다. 그리고 하연의 증조 하집(河楫)부터 그의 내·외손들까지 3대에 걸친 계보를 하집(下集) 2개 편으로 구성하고 있다. 그것은 세종 때 정승을 지낸 하연이란 현조(顯祖)를 내세우기 위한 것인 동시에 편찬 주체가 하연의 내·외손이었기 때문이었다. 여기에다 특이하게도 5편의 외보를 첨부하고 있다. 이는 1606년 당시 족보 편찬자였던 하혼의 외가(하천수 부인 선산김씨), 조모가(하한우 부인 회원유씨), 증조모가(하철

---

116) 『진양하씨족보(晉陽河氏族譜)』(병오보) 범례.

석 부인 야로송씨), 고조모가(하우명 부인 순천박씨), 5대조모가(하연 부인 성산이씨) 계보였다. 속집은 상·하집에 누락된 것을 보완한 것이다. 상집에 하효명 현손 하팽로(河彭老) 차자 하세운(河世運) 계열 등 모두 15계열, 하집에 하자종(河自宗) 사위 이양(李楊)의 손자 이추(李抽) 계열 등 16계열이 수록되어 있다. 상하 8칸의 전형적인 정간(井間) 형태이며, 부계로 이어지는 하씨일 경우 아들은 이름만, 딸은 사위 성명을 기재했다. 타성인 경우에는 아들딸 모두 성과 명을 기재하여 내·외손 구분을 명확히 하였고. 서자녀(庶子女) 구분은 보이지 않으며, 양자의 경우 이름 위에 '계자(繼子)'라 표기하였다. 따라서 내·외손을 광범위하게 수록한 반면 각 개인 이력은 관직만 있거나 거의 없는 경우가 많다. 그 대신 하연을 비롯한 편찬자를 기준으로 가까운 인물들은 자세한 이력 내용을 기재하고 있는 특징을 보인다. 따라서 1605년에 간행된 『진양하씨족보(晉陽河氏族譜)』는 매우 질서정연하고 자세한 2책 분량의 족보인 동시에 5가문의 외보를 따로 수록하였다거나 친손 외손을 구분하지 않는 초기 족보의 전형을 보여주고 있는 셈이다.

　1606년에 간행된 『여산송씨족보(礪山宋氏族譜)』의 경우 표지·서문·후서(後序)·보도(譜圖)·발문 순으로 구성되어 있으나, 범례가 없는 것이 특징이다. 송언신의 서문에 따르면, 가전(家傳)되던 보첩이 임란을 거치면서 소실되어 어렵게 송원경이 기록한 보첩을 입수했다. 그런데 이성(異姓) 기록은 자세한 반면 동종을 소략하게 다룬 것이어서, 친히 초고본을 작성하여 1610년 족질 송일(宋馹)이 청주 목사로 부임하자 간행케 한 것이다. 송일이 덧붙인 발문에 따르면, 당진현감 송요인(宋堯訒), 단양군수 송선(宋瑄), 전의현감 송빙(宋騁) 등의 협조를 얻었던 것이라 하였다.[117] 상하 6칸의 정간(井間)에다 자녀를 출생 순으로 기록하는 초기 족보의 형태를 잘 보여준다. 한편『여산송씨족보』는 적서(嫡庶) 구분을 엄격히 적용하여 서자일 경우는 이름 위에 '첩자(妾子)'로 표기하였다. 양자로 입적된 경우에는 이름 위에 '계자(繼子)'라 표기하였고, 후사가 없으면 아름 아래에 '무후(無後)'로 표기하였다. 이성(異姓)은 사위와 외손 2대에 한하여 이름과 관직만 간단하게 기록하였다. 각 인물 이력에 대한 주기(註記)를 보면 편집자 송언신의 직계는 상세하나, 그 밖의 인물은 이름만 기록하거나 과거급제와 관직을 부기도 경우도 보인다. 1664년에 간행된『여산송씨세보』에는 범례 6조항이 수록되어 있는데, 여기에는 서얼 입록에 관한 항목이 제시되어 있다. 따라서 여산송씨의 경우도 창시보부터 있어왔던 적서의 엄격한 구분이 그 이후에도 지속되었음을 알 수 있다.

앞에서 살펴본『진양하씨족보』는 해인사에서 간행되었으며,[118]

---

117)『여산송씨족보(礪山宋氏族譜)』(경술보) 서문 발문.
118) 고성이씨 족보 간행 역시 절에서 인쇄한 바가 있다 (박홍갑, 2010, 「고성이씨 족보 간행과 그 특성」『고성이씨 가문의 인물과

『여산송씨족보』는 충청도 일대의 지방관으로 있던 송씨 문중 인물들이 힘을 합쳐 간행한 것이었다. 당시 대다수 족보 간행은 인쇄시설이 갖추어져 있던 절이나 지방관청에서 많이 이루어졌는데, 이들 족보도 예외는 아니었음을 보여준다.

이상의 몇몇 가문에서 간행된 족보에서 보았듯이, 1600년대 초반이라 할지라도 적서 구분을 엄격하게 적용하는 가문이 있었던 반면에 그렇지 않은 가문도 보인다. 광주이씨 경술보에서는 범례에서 적서 구분에 대한 규정을 명기하지 않았지만, 본문에 등재된 인물 아래에 측출(側出)이라 부기하여 적서구분을 엄격하게 하였음이 주목된다.[119] 또한 외손과 친손을 구분하지 않고 끝까지 추적한 자손을 등재하던 관례가 여전한 가운데, 외손의 경우 2대에 한하여 수록하는 후기 족보의 방식도 이 시기에 나타났음을 확인했다.

이런 사회적 분위기 속에서 광주이씨 가문에서는 다른 가문보다 일찍이 종법제도를 수용한 동성보를 간행했다는 것이 매우 이례적이면서도 특이한 점이라 하겠다. 딸의 경우

활동』일지사).
119) 1642년본 단양우씨 족보, 1664년본 여산송씨 족보, 1687년본 성주이씨 족보, 1694년 성주이씨 족보 등에서 서얼 입록에 관한 규정들이 실리고 있어 점차 보편화되는 추세로 가고 있음을 알 수 있다. 1739년본 봉화금씨 족보 서문에서는 서파 수록에 대한 신중한 자세를 보이고 있기도 하나, 서자를 제한적으로 수록하면서 천첩자녀를 배제한 것이 18세기의 일반적인 수보 관례였다(권기석, 2010, 「조선 시대 族譜의 入錄階層 확대와 한계」『조선 시대 사학보』55, 조선 시대사학회.

사위 이름만 기재하고 그들에게 출생한 외손은 전혀 반영하지 않은 순수한 동성보를 간행한 것이다. 사위 이름이 등재된 것은 사위도 자식이었기 때문이 아니라 딸의 남편이었기 때문이다. 아울러 선남후녀 방식의 자녀 등재 관례는 아직 나타나지 않고 있으며, 아들딸 구분 없는 출생 순으로 기재하던 당시의 관례를 준용했음을 보여준다.

또한 이 시기에 접어들면 양자를 들이는 입후(立後) 관습은 이미 정착 단계에 접어들었음을 확인할 수 있었다. 이는 기존 가족 질서가 유교적 질서로 대치되었음을 의미하는 것인데, 국가적으로 유교적 가계 계승 체제를 확립하기 위한 노력들이 있어 왔다. 세종 19년에 제정된 입후법이 그것이며, 이는 입후 대상에 대한 규정만아 아니라 입후 절차와 계후자 지위까지 규정한 법이었다. 즉 남편 쪽 동종지자에 한해 입후할 수 있으며, 입후된 계후자는 친자와 동등한 대우를 받도록 한 것이 그것이다. 이것이 후일 『경국대전』에도 반영되어, 적처는 물론 첩에게도 아들이 없는 경우에만 입후를 허락하고 같은 항렬 내에서만 가능하도록 했다. 그리하여 왕의 허락을 얻어 예조에서 입안 발급을 하였던 것을 보면, 국가에서 철저하게 통제하였음을 알 수 있다.[120] 그럼에도 15세기에는 후사가 없는 경우 양자를 들이는 관습이 정착되지 않았고, 외손봉사 또한 많았으나, 시간의 흐름에

---

120) 박경, 2006, 「15세기 입후법(立後法)의 운용과 계후입안(繼後立案)」 『역사와 현실』59, 한국역사연구회.

따라 유교적 질서가 자리 잡아가고 있었음을 확인할 수 있다.

이상에서 살펴보았듯이, 16세기 후반의 가족제도와 가계(家系)에 대한 인식은 정형화된 것을 찾기 힘들 정도로 토착적인 모습과 성리학적 질서나 종법제도 이해 측면이 혼재된 과도기였음을 잘 보여준다. 『문화유씨가정보(文化柳氏嘉靖譜:1562)』와 거의 동시대인 1565년(명종 20)에 간행된 『강릉김씨족보』초간본은 『안동권씨성화보(1476)』나 『문화유씨가정보』등과는 달리 부계 혈족만 기재하고 외파(外派)는 기록하지 않았다. 자녀도 출생 순이 아닌 선남후녀(先男後女) 방식이었다. 이런 점을 상기하면, 16세기 중엽도 두 방식이 혼효된 과도기로 상정될 수 있다. 다만 『강릉김씨족보』는 지정(至正:1341~1367) 연간에 이미 왕족도(王族圖)란 것이 갖추어져 있었고, 1476년(성종 7)에 새로 작성된 왕족도의 연장선상에서 편찬된 것이기에,[121] 이 시기 다른 족보와 수록 형태에 있어 차이를 보이는 것인지 모른다. 즉, 외손을 생략한 것은 부계중심 의식의 결과라 할 수 있으나 내·외손이 무분별하게 수록된 왕족도류의 번잡함에서 벗어나 부계중심의 혈통을 확립하고 열람의 편의성을 기하려는 부차적인 목적도 있었던 것으로 보이기 때문이다.[122]

---

121) 왕족도란 신라 하대 명주군왕(溟洲郡王) 김주원(金周元) 세계(世系) 중심으로 김알지(金閼智)에서부터 고려 말에 이르는 자손들을 정리하여 강릉부에 보관해 오던 것이었는데, 두 종의 족도는 임진왜란 때 소실되어 현전하지 않는다.

122) 차장섭, 1997,「조선 시대 족보의 편찬과 의의-강릉김씨 족보를

1576년(선조 8)에 간행된 『능성구씨을해보』는 크게 능성구씨성보와 능성구씨별보로 구성되어 있고, 내파와 외파를 망라하는 방대한 분량이었다. 그러나 현존하는 것은 동성만을 모은 것이다.[123]

　이에 비해 다소 시기가 늦은 1649년에 간행된 『청송심씨보(靑松沈氏譜)』는 외손 등재 수가 본손 숫자보다 훨씬 많다. 여기에는 외손도 본손과 마찬가지로 세대 제한 없이 수록하였던 것에서 『안동권씨성화보』나 『문화유씨가정보』와 동일한 체제를 가지고 있는 셈이다.[124]

　따라서 광주이씨 경술보가 편찬된 1610년경은 초기 족보 단계에 머무는 수준으로 보이며, 중후기 족보 단계로 넘어가는 과도기를 시작하는 단계에서 나온 결과물이었음을 보여주고 있다. 그리하여 기존의 고답적인 족보 등재방식이 사용되었던 부분과 함께 다소 혁신적이고도 파격적인 동성보라는 개념으로 간행된 것이었다. 중국 족보에서는 외손을 전혀 수록하지 않는 방식이었다. 즉 딸을 나타내는 자리에 사위의 이름이 올라가지만, 이는 사위를 나타내기 위함은 아니다. 이것이 한국 족보와 중국 족보의 다른 점 중에 하나다. 한국에서는 사위를 자녀의 출생 순에 따라 아들과

　　중심으로-」『조선 시대사학보』2, 조선 시대사학회.
123) 차장섭, 2006, 「綾城具氏 族譜의 刊行과 그 特徵」『한국사학보』 22, 고려사학회.
124) 안동권씨성화보 등재 인물 8,000명 중 권씨는 약 380명에 불과하며, 문화유씨가정보 등재인물 38,000명 중에서 문화유씨는 약 1,400명에 불과하다.

동일하게 배열되는 구조였지만, 중국에서는 주인공을 설명하는 기사 말미에 넣는다는 차이가 있다. 그러니 외손을 넣을 구조가 되질 못 한다. 특히 경술보 서문에서 한음 이덕형이 중국 족보의 모범으로 통하는 소씨족보를 언급한 바 있는데,[125] 소종법(小宗法)을 지향한 소씨족보가 부계 혈통만을 수록하는 방식이었다는 점에서 명실이 서로 부합한다 하겠다.[126]

15~16세기 여러 가문들에서 간인(刊印)된 창시보는 대체로 개인 가승(家乘) 차원에서 보다 확대된 족보 형태를 갖춘 것들이며, 이를 바탕으로 17세기 중후반 이후로 가면 합동계보가 나타나기 시작하게 된다. 합동계보란 개인 차원이 아니라 여러 계파가 동원되어 공동작업과 공동경비를 부담하는 형태로 진행된 족보 간행을 말한다. 따라서 등재된 인물의 자호, 생몰 년대, 과거와 관력, 묘소나 배우자와 처계(妻系) 등에 대한 내용들이 통일적으로 나타난다(이 경우 이력의 과다에 따른 상략은 당연히 존재한다).

---

125) 16~17세기 각종 족보 서문에서 빠짐없이 등장하는 문투가 북송대의 소순(蘇洵)이 지은 『미산소씨족보(眉山蘇氏族譜)』 또는 구양수(歐陽脩)가 남긴 『려릉구양씨가보(廬陵歐陽氏家寶)』 등을 거론하면서 마땅히 본받아야 할 모법 사례로 제시하고 있다. 그럼에도 내용과 체제 면에서는 중국의 성리학전 윤리와 종법적인 질서를 반영하는 족보 양태가 아닌 양측적 가족제도 하의 조선 특유의 가족제도와 계보 인식 아래 내·외손을 동일시 하는 족보들이 간행되어 왔다.
126) 단 소씨족보는 수록 범위를 편자 기준으로 고조 후손에 해당하는 유복친 이내의 족인을 한계로 한다는 점에서 경술보 편제와 약간 차이를 보이고 있다.

4. 합동계보 갑진보의 등장

　광주이씨 가문의 족보 편찬 과정을 보면, 1610년에 간행된 창시보[경술보] 이후 1세기가 더 흐른 후에 새로운 족보가 인간(印刊)되었다. 그것이 1724년에 간행된 갑진보였는데, 이 족보가 나올 때까지도 둔촌 이집 그 이상의 상계(上系)에 대해서는 확실한 증거자료를 확보하지 못한 상태로 내려왔다. 창시보 간행 당시 이당-이집 그 이상의 4대조 상계(上系) 내용들은 언전(諺傳)과 잡기(雜記)에 의존한 것에 불과하고 명문(明文)에 의거한 것이 아니기 때문에 별보로 처리할 수밖에 없었는데, 여기에서 새로운 진전이 없었던 것이다.

　그리하여 광주이씨 갑진보에서는 둔촌 후손 9개의 파(派)에다 둔촌 형제 2개 파를 추가한 모두 11개 파로 분류한 족보를 발간했다. 하지만 「둔촌형제자손보」는 부록으로 처리하였기에 실질적으로는 둔촌 후손 9개 파를 대상으로 한 것이다. 이는 일종의 합동계보 의미를 갖는 동시에, 이집을 시조로 하는 광주이씨 소문중의 정체성을 다시한번 확인하는 결과물이었다. 17세기 이후 나타나는 합동계보는 여러 계파에서 공동의 노력과 공동의 경비 부담으로 형평성의 원칙에 따라 간행되는 족보를 의미한다. 따라서 초기 족보들에서 나타나는 특정 개인의 발상과 노력으로 만들어진 초기 족보와는 다른 형태의 족보였다.

갑진보에서는 이장손계의 극규를 파조로 하는 병조참의
파를 비롯하여 이인손 아들 5형제가 주축이 되었는데, 이극
배를 파조로 하는 광릉부원군파, 이극감을 파조로 하는 문
경공파, 이극증을 파조로 하는 광천군파, 이극돈을 파조로
하는 광원군파, 이극균을 파조로 하는 좌의정공파가 그것이
다. 여기에다 이예손 계열의 극기를 파조로 하는 공조참판
파, 극견을 파조로 하는 좌통례공파가 추가되고, 이들에게
종조부가 되는 이지유를 파조로 하는 성주부사공파 등의 분
파가 이루어졌다. 이들 파조는 성주부사공파 이지유를 제외
한 나머지 8개는 이집의 증손들이다. 갑진보 목록(目錄)에
는 각 지파별 분류와 함께 수록면수까지 세밀하게 구분하여
보다 첨간 등이 없게끔 명확하게 하였다.

또한 범례에서 둔촌 이하 6대까지를 권1, 6대부터 11대까
지를 권2, 11대부터 16대까지를 권3 상·하로 나누고, 이어
서 둔촌 형제 중에서 경술보에서 후대 계보로 연결되었던
인령(仁齡) 자령(自齡) 두 파를 권4 부록(附錄)으로 덧붙
였는데, 권1과 권2를 상권, 권3의 상을 중권, 권3의 하와 권
4 부록을 하권으로 묶어 모두 3권으로 간행하게 되었다.[127]
권수(卷首) 제목과 판심제는 다 같이 '광주이씨족보'라 하
였고, 광주이씨족보 권4로 시작되는 권수(卷首) 제목은 별

---

127) 『광주이씨 갑진보(1724)』, 범례(凡例), 一. 遁村以下六代爲卷之
一 自六代至十一代爲卷之二 自十一代至十六代 分爲卷之三上下 遁
村兄弟派子孫爲卷之四附錄 而以卷之一二爲上卷 以卷之三上爲中
卷 以卷之三下卷之四附錄爲下卷 共三卷

도로 「둔촌형제자손보(子孫譜)부록」이라 칭하였다. 경술보 당시 계보가 확보된 인령 자령 두 계열 1~11대까지 계보이다. 그리고 말미에 별록(別錄)을 첨부하여 언전(諺傳) 잡기(雜記)에 의존한 그간의 시비에 대한 종합적 견해를 밝혀 놓고 있다.

갑진보에 수록된 9개 파와 부록으로 처리된 2개 파를 알기 쉽게 나타내면 다음과 같다.

[본보 9개 파]

[부록 2개 파]

인령 ── 遭 ── 東仁 ── 世年 ──────
(慶先庫使派)

자령 ── 蓮소 ── 蓬老 ── 斗信 ──────
(十韵科派)

    동성동본의 혈연집단에서 그 구성원 모두가 한 뿌리에서 나왔다는 동족 의식의 발로로 족보를 간행하게 된다. 그런데 그 후손들의 갈래가 많아지면서 시조로부터 몇 대 내려온 조상을 파조(派祖)로 삼아 구분하던 것이 관례는 초기 족보에서부터 나타난 것이 아니라 대체로 17세기 이후 나타난 현상이었다. 같은 종족 내에서 파(派)를 구분한 것은 복잡한 계보를 보다 쉽게 구분하기 위한 것에서 출발하여 19세기 이후에는 파조(派祖)를 중심으로 명문가임을 드러내기 위한 수단으로 변질되었다.[128] 그리하여 각 파조를 달리하는 계파간의 경쟁의식으로 종족 내부의 갈등 또한 적은 것은 아니었다.

    파(派)의 출현과 관련하여 학계에서는 일찍부터 관심을 보여 왔다. 특히 문화유씨 족보를 보면, 1689년에 간행된 기사보부터 파명(派名)이 보이기 시작했다. 이후 1740년(경신보)·1803년(정사보)·1864년(갑자보) 등의 변천 과정을 추적해 보면, 당초 갑파·을파로 구분함과 동시에 파조 이름

---

128) 崔在錫, 1981, 「族譜에 있어서의 派의 形成」『민족문화』7, 민족문화추진회.

을 붙인 파명을 주로 사용했다. 이와 함께 갑파·을파를 다시 세분하여 갑갑·갑을·갑병 등으로 분류하기도 하였다. 안동 김씨의 경우에도 1719년 족보에 갑파·을파·병파로 구분하였다가, 1790년 족보에는 이름으로, 1883년 족보에서는 직역명으로 파명을 삼았다. 따라서 초기에 사용되었던 파명은 후대에 가서 그 존재감을 과시한다거나 타파와 구별하려는 의식과는 상관없는 단순한 부호(符號)에 불과했음을 알 수 있다.[129] 다시 말한다면 파조를 내세운 동족 정체성이 확립된 단계가 아니었다는 것을 알 수 있다.

그럼에도 1704년에 간행된 기계유씨 족보에는 거주지명과 직역(職役名)을 파명으로 삼은 적이 있고, 1731년의 풍양조씨 족보에는 거주지와 이름을 파명으로, 1720년의 영일정씨 족보에는 거주지명의 파를, 1706년의 반남박씨 족보는 관직명의 파를 각각 출현시켰다.[130] 이렇듯 각 성씨별 족보 간행에 있어 파의 형성은 각기 처해진 상황에 따른 것

---

129) 이런 점은 시기별 족보 간행에 있어 파조(派祖)가 고정되지 못했다는 점에서도 잘 드러난다. 즉 문화유씨 족보를 보면 동일한 인물의 후손들 중에서 13세손이 파조였다가 후일 11세손이 파조가 되고, 또다시 족보가 간행될 때에는 13~14세손이 파조가 되기도 했다(최재석, 위의 논문).

130) 이는 족보 입록 인원의 외연 확충 과정에서 기존 재경사족 중심에서 벗어나 재향(在鄕) 사족(士族)으로 확대되는 추세를 반영한 결과일 수 있다. 아울러 17세기 이후 동족마을이 형성되면서 계파별로 세거지를 달리하는 사례가 많고, 그에 따른 입향조(入鄕祖)를 중심으로 종족의식을 다지면서 세거지 중심의 계파가 자연스레 형성된 경우가 많았다. 특히나 오늘날 향촌사회에서까지 세거지 마을 명칭과 성씨를 함께 사용하여 다른 계파와 구분하려는 의식들이 잔존하고 있는데, 양동이씨, 하회류씨, 지실정씨 등과 같은 것들이 그것이다.

이었으며, 일정한 틀이 정해진 것이 아니었음을 알 수 있겠다. 아울러 후손의 많고 적음에 따른 파조 생성도 많아, 일정한 대수와도 상관이 없다. 따라서 형제들이 파조가 되기도 했지만, 조손간에 혹은 숙질간에 각파의 파조가 된 경우도 흔하다. 이렇게 생성된 파는 후일 그들만의 정체성 확립을 위해 파보(派譜)를 통해 자존감을 드러냈고, 서로의 경쟁의식으로 문중 내의 주도권을 위한 향전도 주저하지 않았다.

광주이씨 이집의 후예들은 그의 손자 이인손의 다섯 아들이 모두 문과에 급제하여 정승 판서를 역임하였기에 조선 최고의 명문 반열로 올렸는데, 이런 가문적 배경이야말로 후손들이 가문의식을 성장시키고 정체성을 확립하는 데 가장 좋은 자료였다. 광주이씨 창시보가 나올 수 있었던 것도 그런 배경이었으며, 후일 파(派)를 형성하는 데도 이인손의 아들 5형제가 중심이 되었다. 그들 종형제인 장손의 아들 극규, 예손의 아들 극기과 극견, 그들보다 2대 빠른 종조부 이지유를 각각 파조로 하는 9개 파를 출현시킨 것에서 잘 드러난다. 거주지나 이름이 아닌 관직명으로만 파명을 삼았던 광주이씨 갑진보가 1724년에 간행되었다는 것은 다른 문중과 비교해 볼 때 매우 이른 시기에 해당한다. 아울러 이 시기 다른 문중에서의 파명은 번잡함을 피하기 위한 부호 역할이 컸지만, 광주이씨 경우에는 각 파별 자존감을 통한 가문 정체성을 드러내기 위한 방편으로도 보인다. 파조가 변동되거나, 파명이 바뀌기도 했던 다른 가문과는 달리 광주

이씨 갑진보에서 보여준 파명과 파조는 오늘날까지 변화 없이 내려온다는 점 때문이다.[131]

갑진보는 창시보였던 경술보보다 110년이란 세월이 흘렀지만, 경술보 간행을 주도했던 계파 후손들이 선조의 유업을 그대로 이어갔다. 경술보 예비 작업 주역들은 바로 연경·준경 손자 사온과 사수였는데, 갑진보 편찬 역시 이들 계파 후손들이 힘을 쏟아 간행의 빛을 보게 되었다.

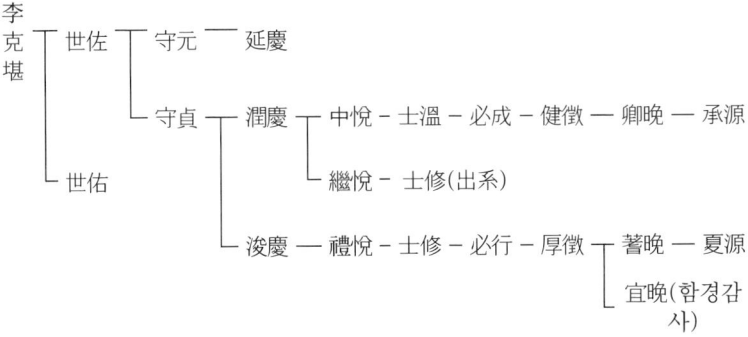

갑진보 서문은 홍문관 교리를 역임한 사온의 현손 승원이 쓴 것으로, 갑술보가 나온 이후로 각 종파별 수단 작업을 해오던 그의 조부 건징이 초보(草譜)를 작성하였다고 한다. 그러다가 간행의 뜻을 이루지 못하고 자료들이 상자 속으로 들어가고 말았고, 이 자료들이 다시 사수의 증손이었던 참판공 시만에게 건너가 교정 작업 등을 거쳤지만, 그 역시 뜻을 이루지 못하고 있었는데, 마침 시만의 동생 의만이 함경

---

131) 오늘날 이집을 시조로 하는 광주이씨 계파는 이집의 둘째이자 지직의 아우였던 지상을 파소로 하는 문숙공파만 추가되이 있디.

도 관찰사에 파견되었던 때를 계기로 갑진보가 상재(上梓)되었던 것이다. 이승원이 쓴 갑진보 서문은 다음과 같다.

 족제(族弟) 장예원(掌隷院) 판결사 하원(夏源)이 세보를 중수하여 교정을 마치고 장차 그 숙부(叔父) 북백(北伯 : 함경감사) 공립소로 보내어 인쇄에 부치고자 할 제, 나에게 청하여 가로되 "이 일은 형의 선대부께서 일찍이 경영하기 시작하였던 바이거늘 형이 어찌 이 세보에 일언이 없을 수 있겠오." 하기에 내 가로되, "좋다, 그것은 내 본의이거니 어찌 글을 못한다고 사양하리오." 하였다. 삼가 생각하건데 구간(舊刊) 동성보 한 권은 곧 우리 동고 선조께서 찬정하신 바이나 임진에 이르러 병화에 잃어버린 바 되었고, 그 후 고조 고 찬성공(이사수)께서 이어 편차 하시고 한음 상공께서 서(序)하였는 바, 생원공 이상 4대 명휘가 언전잡기에서 처음 나왔고 명문의 가거할 만한 것이 없는 고로, 권말에 기록하고 그 각파 자손도 부기하여 본보와 구별하였으니, 지금 행해지고 있는 경술보가 이것이다. 거슬러 경술까지는 거의 백여 년이 되어 세대는 멀어지고 자손은 번성하니 보첩의 개수(改修)가 시기로 보아서 합당하다 하겠다. 지난 신미년에 선왕고(李健徵)께서 제종의 위임을 받아 각파단목을 수합하여 첨삭 보증하여 벌로함이 없었고 두루 방주를 달고 외손까지 목록 하였으니 예규는 문란스럽지 않고 생략도 적당하여 드디어 상중하 삼권으로 나누어서 초본이 정해지자

왕조께서 하세 하시고 그 책은 족숙부(族叔父) 참판공(李蓍晚)에게 돌려져 시기를 보아 인출하려 하였던바 말기에 참판공께서 또 별세하시니 상자 속에 넣어둔 지 또 몇 년이 지났다. 얼마 전에 북백공(北伯公 : 李宜晚)이 참판공의 동생으로 변경을 관찰하게 됨을 구공판사(공구를 모으고 일을 처리함) 할 만하고 판결군은 참판공의 아들로 명민정근하여 실제 교정 소임을 담당하게 되었으니 이에 인초(印草)양본 (경술보와 중수할 초본)에 의거하여 자못 증책과 거치가 있었다. 별거 자손을 기록치 못함에 있어서는 스스로 빠지기 때문이요, 사대명휘를 그대로 등재하였음은 마땅히 신중을 기해야 하기 때문이다. 합보지설을 배척함에 있어서 사의가 명정하고 변의지서를 만듦에 있어서 원고가 상세하게 하면서 몇 달이 못 되어 편찬과 각판을 마치니 판결군의 힘이 이토록 많았으며 이는 또한 오종의 대행한 일일 것이다. 오호라, 고어에 이르기를 뿌리가 깊으면 가지가 성하고 원천이 멀면 흐름이 길다 하였으니 이치에 떳떳한 바이로다. 우리 이씨는 여계에 현달하기 시작하여 본조에 이르러서는 광묘 성묘대에 극성하였고 명종 선조 때에 이르러 명공과 석보가 우련 배출하여 문장과 덕업이 역사에 빛나고 자손은 천억이오, 과갑이 연이어오니 이는 조선이 쌓이고 쌓인 후음의 소지가 아닐 수 없은 즉 이 족보를 보는 자, 조선의 여체를 이어서 단양하고 가성을 떨추지 않을 것을 생각지 않을 수 있을까. 이는 나와 종인이 마땅히 함께 힘쓸 일이요, 나로서는 따로 마음에 서글픈 바가 있으니 내가 전에 조부님을 모시고 이 일을 서찰을 대필하여 드리는 일이 아직도 어제 일처럼 역력하건만 깜빡할 사이에 이미 삼기(일기는 십이년)가 지났으니 지난 일을 생각하고 슬퍼 울먹이지 않을 수 없어 이에 몇 마디 아울러 적는 바이다.

숭정(崇禎) 후이(後二) 갑진년(1724) 계하(季夏)

후손 통훈대부 전 행홍문관교리지제교 겸 경연시독관춘추관기주관 승원 삼가 씀.

족보를 편찬할 때 가장 큰 문제는 어떤 방법으로 수단(收單) 하는가? 어떤 범례를 마련하는가? 특히 각 지파별로 보다 정밀한 수단을 위한 각종 방법들이나, 족보 편찬에 있어 준거(準據)와 각 지파별 인물별 주기 내용의 형평성 등 복잡다단한 문제일수록 범례를 통하여 일목요연하게 정리되어야 한다. 합동계보가 편찬될 때에는 항상 크고 작은 시비들이 있기 마련이기 때문이다.

초기 족보에서는 구분과 구별은 있었지만 차별은 없었다. 아들 딸 출생 순에 따른 기재방식 아래 본종과 외파, 적자와 서자의 구분이 있었고, 그 외에도 인물 정보에 대한 주기(註記)의 상략(詳略)도 존재했지만, 이는 편찬자 본인을 기점으로 한 가계기록이 점차 방계 친족으로 확대되는 과정에서 온 것이다. 그런데 이후에 나타나는 합동계보는 다양한 자손을 수록해야 하는지라, 동족 내부의 계층 분화에 따른 계서화(階序化)로 다양한 차별적 기재방식이 동원되었다. 입록자의 관직, 문벌, 거주지, 적서, 반상(班常) 등의 구분이 그것인데, 이들은 한마디로 존비(尊卑)의 차별이다. 예컨대 관직 유무에 따른 차별도 있지만, 관직자 내에서도 당상관 이상의 죽음을 졸(卒), 그 나머지를 몰(歿)로 표기한다거나, 그 부인에 있어서도 당상관 이상을 부인(夫人), 그 이하 관직자 처를 배(配), 사인(士人)의 처를 실(室)로 표기하는 등과 같은 세부적인 범례 규정들을 갖추어가기 시작했다.

초기 족보에서는 범례가 비교적 단순하지만, 18세기 이후 간행되는 족보의 범례는 항목 수가 우선 10여 개 이상으로 늘어난다. 그리하여 우선 족보 편차(編次) 규정들, 예컨대 구보서, 선대 문헌, 묘산도, 족보본문, 별보 등의 순서 외에도, 권수(卷數)와 장수(張數) 배열에 방식에 대한 목록이 추가되는 경우가 있다. 그런 후 수보에 활용된 기초자료들과 입록 인물에 대한 규정들로 범례 항목들이 채워진다. 범례 조항에서 가장 많이 할애된 부분이 바로 입록 인물 규정인데, 성별, 가족관계, 신분에 맞는 계보도에 배치하고 개인정보를 이름 옆의 주기(註記)에 등재하는 기준이 제시된다. 인물 주기는 기본적으로 자호, 생년, 과거급제, 관직, 졸년, 묘소와 좌향, 그 배우자는 성관, 처계(妻系), 생년, 졸년, 자녀, 묘소 등의 기재 규정이다. 따라서 족보의 범례는 대체로 개인별 기재순서와 주기(註記) 내용, 계보자료 수집, 계보 검증과 별보 작성, 적서 구분, 유사 임무, 외손 수록범위, 계파

구분과 명칭, 부록자료 등 편보(編譜) 과정에서 제기될 수 있는 모든 문제들을 보규(譜規)로 해결하려는 의지를 담고 있다.

족보를 편찬할 때 가장 큰 문제는 수록 대상과 범위를 정하는 일이다. 성손(姓孫)과 외손(外孫), 적자녀와 서자녀 등의 수록 방법, 그리고 '계대미상자(系代未詳者)'에 대한 입록 방안(대개 별보로 처리)이 바로 그것인데, 갑진보 편간 과정에서도 이에 대한 문제로 종족내부 갈등이 적지 않았다. 창시보였던 경술보는 개인의 발상에 따른 초기 족보였다는 점에서 둔촌계파를 위주로 한 족보임에도 갈등이 있을 수가 없었다. 그러나 갑진보는 각 지파별 수단(收單)에 의한 종합계보 형식이었기에, 경술보 취지를 살려 둔촌 계열만의 족보를 편간하는 데는 만만치 않은 도전들이 있었다. 경술보에서 언전(諺傳) 잡기(雜記)로 정리한 것들을 후일로 미룬 것들이 해결되기는커녕 시조 상한선을 신라 인물이었던 이자성(李自成)으로까지 끌어올린 계보가 새롭게 제기되었다. 그럼에도 둔촌을 더 거슬러 올라가는 상대(上代)에 대한 계보문제는 언전 잡기류에 불과하다는 판단에 따라 쉽게 해결될 상황이 아니었다. 이리하여 갑진보 말미에는 이에 대한 갖가지 의혹과 문제점들을 상세하게 정리한 별록(別錄)이 첨부되어 있다. 이는 수보과정에서 불거진 여러 상황들을 조목조목 검토하여 갑진보의 정당성을 담보하려는 의도였다. 이에 대한 별록 정리는 경술보 간행을 맡았던 이사수의 현손 하원(夏源)이 정리한 것으로 보인다. 당시 논란이 되었던 갖가지 상황은 별고를 통해 검토해야 할 만큼 중요하고도 복잡하여 본고에서는 언급하기엔 한계가 있다. 우리 성씨와 본관 출현 시점부터 논해야 할 상황이기 때문이다.

5. 맺음말

 조선 시대의 명문들 중에는 고려 말부터 두각을 나타낸 가문들이 많았다. 고려 말 둔촌(遁村) 이집(李集)이 벼슬길에 올라 현달한 인물이 됨으로써 오늘날 광주이씨를 있게 했다. 그리하여 이집은 광주이씨 시조로 까지 추앙되고 있는 실정이다. 특히 이집의 손자였던 이인손(李仁孫)과 그의 아들 5형제가 나란히 정승과 판서를 역임하면서 당대 최고의 명문가로 우뚝 섰다.
 가계 기록인 족보의 초간본(初刊本)인 창시보(創始譜)는 대개 현달한 계파 후손 중에서 특정 인물이 주도하여 만든다. 1610년에 간행된 광주이씨 경술보(庚戌譜)도 영의정을 지낸 이준경(李浚慶)의 손자 이사수(李士修)의 노력으로 인쇄된 것이다. 그런데 경술보는 외손을 과감하게 제외하는 동성보(同姓譜)였다는 특징을 보인다. 종법(宗法) 제도가 정착되지 않았던 당시로는 매우 파격적인 족보 형태였다. 여기에다 둔촌 이집의 방계는 동성별보(同姓別譜)를 첨부하여 싣고 있다는 특징을 보인다.

  그런 한편, 간행을 주도한 이사수 직계 선조들의 이력 사항들은 분량이나 내용 면에서 매우 풍부하다. 또한 자손 등재 방식의 경우에도 선남후녀(先男後女) 방식이 아니라 출생 순이였고, 아울러 서출(庶出) 표기, 양자를 들이는 관행 등은 동시대의 관례와 비슷한 양식을 보여준다. 따라서 조선 시대 초기 족보에서 중·후기 족보로 넘어가는 과도기 상황을 잘 보여주고 있다.

  그런데 한 세기가 더 흘러 1724년에 간행된 갑진보(甲辰譜)는 각 파조(派祖)를 중시하는 체제로 옮겨갔다. 이는 각 지파별 공동 작업의 노력으로 결실을 맺은 합동계보였음을 의미한다. 또한 동성보에서 벗어나 외손을 2대로 한정하여 등재하는 일반적인 관례를 수용하고 있다. 갑진보의 특징은 별록(別錄)을 첨부하여, 당시 계파별 계보인식이 달라 첨예하게 대립하고 있던 문제점과 의견들을 정리해 놓고 있다는 점이다. 이에 대한 내용은 지면 관계상 제외하였다.